지은이 전지은
그린이 김태형
펴낸이 정규도
펴낸곳 (주)다락원

초판 1쇄 발행 2024년 5월 1일

편집 박소영
디자인 김지혜

다락원 경기도 파주시 문발로 211
내용문의 (02)736-2031 내선 275
구입문의 (02)736-2031 내선 250~252
Fax (02)732-2037
출판등록 1977년 9월 16일 제406-2008-000007호

Copyright © 2024, 전지은

저자 및 출판사의 허락 없이 이 책의 일부 또는 전부를 무단 복제·전재·발췌할 수 없습니다.
구입 후 철회는 회사 내규에 부합하는 경우에 가능하므로 구입문의처에 문의하시기 바랍니다.
분실·파손 등에 따른 소비자 피해에 대해서는 공정거래위원회에서 고시한 소비자 분쟁 해결 기준에 따라 보상 가능합니다.
잘못된 책은 바꿔 드립니다.

ISBN 978-89-277-4801-4 73910

http://www.darakwon.co.kr
다락원 홈페이지를 통해 인터넷 주문을 하시면 자세한 정보와 함께 다양한 혜택을 받으실 수 있습니다.

하얀 아저씨의 특별한 젤리 가게

말랑! 새콤! 달콤!

전지은 글 • 김태형 그림

다락원

프롤로그 … 6

1. 강화 고인돌 유적지 … 10
숨겨진 통나무를 찾아서

2. 경주 석굴암 & 불국사 … 26
암호를 풀어라

3. 공주 무령왕릉 … 46
누가 진짜 범인일까?

4. 수원 화성 … 64
도르래가 사라졌다고?

5. 영주 부석사 … 86
곧은 선일까? 휜 선일까?

6. 경주 대릉원 ··· 106
미로를 찾아라

7. 울주 대곡리 반구대 암각화 ··· 126
바위에 새겨진 그림을 지켜라

8. 합천 해인사 대장경판 ··· 148
비밀 문자를 입력해

9. 익산 미륵사지 석탑 ··· 176
사라진 사리장엄구

10. 서울 창덕궁 & 종묘 ··· 200
악당은 누구일까?

에필로그 ··· 228

프롤로그

날씨도 좋고 기분도 좋은 봄날의 오후였어.

아리와 송송이는 두 손을 꼭 잡고 맛있는 간식거리를 찾아 골목길을 걸어가고 있었지.

"와우! 젤리 가게가 새로 생겼나 봐!"

골목에는 처음 보는 젤리 가게가 있었어. 간판도, 문도, 벽도 온통 하얀 색인 '하얀 젤리 가게'였지.

"정말 예쁘다. 환상적이야."

"아, 여기에서 살고 싶어. 너무 행복해."

아리와 송송이는 넋을 놓고 중얼거렸어. 그때였어.

"어서 오세요, 꼬마 손님들. 마음에 드는 젤리를 골라 보세요. 오늘은 모든 젤리를 무료로 드립니다."

하얀 머리에 하얀 수염, 하얀 옷과 신발. 온통 하얀 아저씨가 아리와 송송이를 향해 환하게 웃었어.

아리와 송송이는 무엇에 홀린 것처럼 유리병 앞으로 다가갔어.

"어? 고인돌 젤리도 있어!"

"와하하! 청동기 젤리는 또 뭐람?"

아리와 송송이는 깔깔거리며 고인돌 젤리와 청동기 젤리를 한 주먹씩 골랐어.

"허허허. 아주 맛있는 젤리를 골랐군요. 젤리를 먹으면서 멋진 하루를 보내길 바랄게요."

하얀 아저씨는 또다시 환하게 웃었어.

"그럼 얼른 먹어 볼까?"

젤리 가게를 나온 아리는 고인돌 젤리 하나를 입에 넣었어. 그런데 이게 웬일이야? 짭조름하고 달콤하면서 고소하기까지 한 지금까지 한 번도 먹어 본 적 없는 정말 환상적인 맛이 입안에 맴돌았어.

송송이도 가지고 있던 청동기 젤리를 입에 넣었지. 달콤한 젤리를 깨물었더니 상큼하면서 톡 쏘는 시럽이 터져 나와 입안을 가득 채웠어.

그때였어. 갑자기 하늘에서 환한 빛이 쏟아지더니 아리와 송송이를 겹겹이 감쌌어.

"아, 이게 무슨 일이지?"

아리와 송송이는 서로를 끌어안고 눈을 꼭 감았어.

1
강화 고인돌 유적지
숨겨진 통나무를 찾아서

잠시 후 아리와 송송이는 실눈을 뜨고 주변을 살펴보았어. 그러고는 동시에 소리쳤지.

"헉! 여기가 어디야?"

골목길의 풍경은 온데간데없이 사라지고 높은 산과 나무, 바위, 풀밭만 눈에 보였어.

둘 다 아무 말도 못 하고 덜덜 떨며 두리번거릴 때였어. 송송이가 한 손으로 입을 틀어막으며 손가락으로 하늘을 가리켰어.

"우와아아! 저기 좀 봐!"

저 멀리에서 커다란 하얀 새가 가방 두 개를 들고 아리와 송송이를 향해 날아오고 있었지.

새는 아리와 송송이의 머리 위를 한 바퀴 돌더니 가방을 툭툭 떨어뜨렸어. 가방 안에는 수첩과 연필, 그리고 작은 복주머니 하나가 들어 있었어.

"이게 다야?"

송송이는 가방을 거꾸로 들고 탈탈 털어 보았어. 그랬더니 가방 안에서 편지 하나가 툭 떨어졌어.

하얀 젤리 가게의 첫 번째 고객님들 반갑습니다.

고객님들은 하얀 젤리 가게의 '역사 테마' 젤리를 골랐기 때문에
바로 이곳, 우리의 역사 속으로 들어올 수 있게 되었습니다.
정말 멋진 일이죠? 하하하!
이제 고객님들에게는 우리 역사를 소중히 지키고,
발전시킬 수 있는 아주 중요한 미션이 주어집니다.
이 미션을 잘 해결하면 다시 하얀 젤리 가게로 돌아올 수 있지요.
가방 속에 있는 물건들은 미션을 해결하는 데 도움이 될 거예요.
그럼 멋진 하루를 보내길 바랍니다. 고객님들 파이팅이에요!

※ 추신: 고객님들께서 만난 하얀 새는 이 미션과 아무 상관이 없어요.
그저 편지와 가방을 전해 주는 일만 한답니다. 그러니 미션이
잘 풀리지 않는다고 해서 하얀 새를 괴롭히면 안 돼요.

편지를 다 읽은 아리와 송송이는 바닥에 털썩 주저앉았어.
"여기가 역사 속이라고?"

"미션을 해결해야만 돌아갈 수 있는 거야?"

둘 다 금방이라도 울 것처럼 한숨을 푹푹 내쉬었지. 그때였어.

"아이고, 아이고, 이를 어쩌나. 아이고…."

마치 메아리처럼 사람들의 목소리가 들려왔어.

"송송아, 저쪽으로 가 보자."

아리는 아직도 넋이 나가 있는 송송이의 손을 잡고 소리가 들리는 쪽으로 재빨리 걸어갔어.

"아이고, 오늘 무덤을 다 만들어야 할 텐데, 통나무가 사라져서 어쩌나. 나무를 베어 통나무를 만들어도 오늘 안에는 무덤을 만들 수 없을 텐데…."

"아니, 어떤 놈이 통나무를 모조리 가져가 버린 것이냐? 정말 큰일이네. 무덤 없이 장례를 어떻게 치른다지?"

"뭔가 꼭 필요한 통나무가 없어졌나 봐."

아리가 송송이에게 귓속말로 속삭일 때였어. 아까 봤던 그 새가 다시 아리와 송송이를 향해 펄럭펄럭 날아오더니 꼭꼭 접힌 쪽지 하나를 툭 떨어뜨렸어.

이 쪽지를 읽는 너희들은 아마도 하얀 젤리 가게에서 신기한 젤리를
먹은 아이들이겠지? 난 까만 젤리 가게에서 먹은 젤리 때문에 이곳에
뚝 떨어져 버렸는데 말이지. 아무튼 중요한 이야기부터 하자면,
아마 지금쯤 너희는 통나무를 찾고 있는 아저씨들을 만났을 거야.
그런데 그 통나무, 내가 숨겼지롱. **음하하하.**
그러니까 너희의 미션은 바로 그 통나무를 찾는 거야.
미션을 주는 나와 미션을 해결해야 하는 너희들,
누가 이길지 정말 흥미진진하지 않니?
통나무를 숨긴 장소에 대한 힌트는 줄 테니까 잘 찾아보도록 해.
뭐, 찾을 수 있을지 없을지는 잘 모르겠지만 말이야.

 **다음 세 그림과 관련 있는 단어는?**

너희 앞에 보이는 길로 쭉 가면
세 개의 갈림길이 나올 거야.
그때 이 미션의 정답이 있는 길로 가면 돼.

"우린 할 수 있어. 고양이 굴에 잡혀가도 정신만 차리면 산다고 했어."

아리가 눈빛을 이글거리며 말했어.

"호랑이 굴이겠지."

"지금 그게 중요해? 얼른 미션을 해결해야 한다고."

아리와 송송이는 머리를 맞대고 미션을 뚫어져라 쳐다보았어. 그렇지만 5분도 지나지 않아 둘 다 털썩 자리에 주저앉았지.

"아, 진짜 모르겠어. 하나도 생각이 안 나."

그때 아리가 뭔가 떠오른 듯 눈을 동그랗게 떴어.

"아, 맞다. 복주머니!"

아리는 가방을 뒤져 복주머니를 찾아냈어. 복주머니에는 돌돌 말린 종이 한 장이 들어 있었어.

"'소', '밤', '은행' 뒤에 두 글자가 들어가고, 그 두 글자가 답이라는 뜻인 것 같은데…."

아리가 혼잣말로 중얼거렸어. 그때 송송이가 외쳤지.

"나무! 나무다! 소나무, 밤나무, 은행나무!"

"와, 맞아, 맞다!"

아리와 송송이는 기분이 좋아서 팔짝팔짝 뛰었어.

둘은 풀밭 사이로 난 길을 쭉 따라 걸어갔어. 얼마나 걸었을까? 쪽지에서 읽은 것처럼 아리와 송송이의 눈앞에 세 개의 갈림길이 나타났어.

"오, 여기네. 그렇다면 나무가 있는 이 길로…."

아리와 송송이는 조금도 망설이지 않고 나무가 있는 길로 걸음을 옮겼어.

그때 또다시 하얀 새가 날아와 쪽지를 떨어뜨렸어.

정말로 연못 주변에는 크고 작은 바위들이 많이 있었어.

아리와 송송이는 쪽지를 펼쳐 든 채 머리를 맞대고 생각에 빠져 있었지. 그러다 아리가 뭔가 떠오른 듯 송송이의 가방을 가리켰어.

"송송아, 네 가방에도 복주머니 있었잖아."

"아, 맞다!"

송송이는 얼른 가방에서 복주머니를 꺼냈어. 복주머니 안에는 꼬깃꼬깃 접힌 쪽지가 하나 들어 있었어.

한참 동안 아리와 송송이는 미션 쪽지와 힌트 쪽지를 번갈아 노려보았어.

"뭐지? 뭘까?"

아리가 바쁘게 눈동자를 데굴데굴 굴리고 있을 때였어.

"아, 알았다! 사과! 사과야!"

송송이가 쪽지를 번쩍 들어 올리며 소리쳤어.

"사과?"

"응. 첫 번째 그림은 인사, 마지막 그림은 과자. 그러니까 끝말잇기를 하면 '사과'잖아."

아리는 힌트가 적힌 쪽지를 다시 읽어 보았지.

"맞네. 인사, 사과, 과자!"

아리와 송송이는 너무 기뻐서 꼭 껴안고 펄쩍펄쩍 뛰었지.

잠시 후 아리와 송송이는 연못가에서 정말 사과랑 똑같이 생긴 바위를 찾아냈어. 그리고 그 뒤에서 바위틈에 숨겨져 있는 통나무도 찾아냈지.

"얘들아, 너희가 아니었으면 우린 무덤도 못 만들고 장례식도 치르지 못할 뻔했지 뭐냐? 정말 고맙다."

아저씨들은 몇 번이고 감사 인사를 전했어.

"아, 고인돌을 저렇게 만드는구나. 강화도에 가서 고인돌 본 적 있는데…"

"나는 고창에 가서 본 적 있어."

아리와 송송이가 고인돌 만드는 모습을 보며 이야기를 나누고 있을 때였어. 어느새 나타난 하얀 새가 아리와 송송이의 머리 위를 날아다니다가 쪽지 하나를 떨어뜨렸지.

흠, 생각보다 멍청하지는 않은 모양이군. 통나무를 찾은 걸 보니 말이야.
그렇지만 이번은 첫 번째 미션이라 아주 쉬웠다는 것만 알아 둬.
다음부터는 아마 각오를 단단히 해야 할 거야.
너희들은 다시 하얀 젤리 가게로 돌아가겠지? 으으, 정말 분하다.
나는 이제 또 다른 미션을 준비하며 너희를 기다리고 있겠어.
다음에는 꼭 내가 이기고 말 거라고!

아리와 송송이가 쪽지를 읽으며 키득거리고 있을 때였어. 젤리 가게 앞에서처럼 하늘에서 환한 빛이 쏟아져 내려와 둘을 감쌌지.

강화 고인돌 유적지

고인돌은 '돌을 괴어 만들었다'라는 뜻을 가진 돌무덤으로 청동기 시대의 대표적인 무덤이에요.

무겁고 거대한 돌을 옮겨서 만든 형태로 고인돌은 그만큼 많은 사람의 힘과 기술을 동원해서 만들었다는 것을 추측할 수 있어요. 고인돌 내부에서는 청동기 시대의 귀중한 유물도 발견되고 있는데, 이러한 점들로 보아 고인돌은 당시 권력 있는 지배층의 무덤이라고 짐작할 수 있어요.

우리나라의 강화, 고창, 화순 등의 고인돌 유적지가 역사와 문화적 가치를 인정받아 유네스코 세계 문화유산으로 지정되어 있어요.

강화 고인돌 유적지에서 볼 수 있는 대표적인 고인돌은 탁자식 고인돌이에요. 크고 넓은 두 개의 받침돌 위에 덮개돌을 올린 방식으로 규모가 크고 형태가 매우 뚜렷한 것이 특징이지요.

강화 고인돌 유적지 주변에는 선사 체험장과 강화역사박물관, 강화자연사박물관이 함께 있어서 다양한 체험을 할 수 있답니다.

고인돌의 종류

◀ **탁자식 고인돌**(북방식 고인돌)
잘 다듬어진 받침돌을 세워
땅 위에 무덤을 만들고,
그 위에 덮개돌을 올려 만든 것.

바둑판식 고인돌(남방식 고인돌) ▶
땅속에 자연석이나 깨진 돌을 쌓아
무덤방을 만들고, 땅 위에 여러 개의
받침돌을 놓은 후 덮개돌을 얹어 만든 것.

◀ **개석식 고인돌**(큰돌무덤)
땅속에 무덤방을 만들고, 그 위에
받침돌 없이 커다란 덮개돌만 올려
만든 것.

고창 고인돌공원도 있어요!

고창군은 우리나라에서 가장 큰 고인돌 군집을 이루고 있는 곳이에요.
고창 고인돌공원에는 약 447기의 고인돌이 있는데, 바둑판식 고인돌 외에
도 다양한 모양의 고인돌이 있어요.
고창 고인돌공원 옆에는 고창 고인돌박물관도 있어요. 이곳에서는 청동기
시대의 생활 모습과 각종 유물을 관람
할 수 있으며, 움집 체험, 불 피우기 체
험, 고인돌 끌기 등 다양한 체험 프로
그램에 참여할 수 있어요.

2
경주 석굴암 & 불국사
암호를 풀어라

빛이 사라지고 아리와 송송이의 눈앞에는 다시 젤리 가게가 보였어.

"아, 돌아왔구나, 후우…."

아리는 자리에 털썩 주저앉으며 한숨을 쉬었어. 그런데 뭔가 좀 이상했어. 꽤 오랜 시간 동안 미션을 해결하고 돌아온 것 같았는데, 이곳의 풍경은 처음 아리와 송송이가 젤리 가게를 떠났을 때와 똑같았거든.

"대체 우리가 얼마 동안이나 갔다 온 거지?"

아리가 송송이에게 물었어.

"지금 그게 중요한 게 아니잖아. 난 그 미션을 내준 악당이 너무 얄미워서 화가 난단 말이야. 얼른 따라와."

송송이는 잔뜩 화가 난 얼굴로 아리의 손을 잡고 젤리 가게의 문을 열었지.

"아저씨! 도대체 우리한테 왜 그런 젤리를 주신 거예요?"

송송이가 목소리를 높여 따지자, 아저씨는 웃으며 말했어.

"내가 준 게 아니라 손님들이 고른 젤리잖아요?"

송송이는 할 말이 없었어. 아저씨의 말은 단 한 마디도 틀리지 않았거든.

"저, 아저씨, 우리가 얼마 동안이나 다녀온 거예요? 왜 여기는 전혀 달라진 게 없어요?"

이번에는 아리가 아저씨에게 물었어.

"고객님들이 역사 속으로 몇 번을 다녀오더라도 이곳의 시간은 늘 똑같아요. 1분도 흐르지 않는답니다."

아저씨는 또다시 온화하게 웃었어.

"아리야, 얼른 이리 와."

아직도 화가 풀리지 않은 송송이는 씩씩대며 아리의 손을 잡아끌고 젤리 앞으로 다가갔어.

"너 설마 또다시 젤리를 먹으려는 거야?"

아리는 머뭇거리며 송송이에게 물었어.

"당연하지. 그 나쁜 녀석을 꼭 내가 잡아내고 말 거야. 생각할수록 약이 올라서 안 되겠어."

송송이는 이를 악물고 젤리 두 개를 집었어. 하나는 탑 모양의 젤리였고, 또 하나는 불상 모양의 젤리였지.

아리는 송송이가 건네주는 탑 모양의 젤리를 입에 넣었어. 마치 땅콩버터가 잔뜩 들어간 것처럼 고소하고 달콤한 맛의 젤리였지. 송송이는 불상 모양의 젤리를 입에 넣고 야무지게 꼭꼭 씹었어.

어느새 젤리를 다 먹은 송송이는 아리의 손을 잡고 젤리 가게를 빠져나왔어. 역시 지난번처럼 환한 빛이 아리와 송송이를 감쌌어.

빛이 사라지고 난 후 아리와 송송이는 주변을 살펴보았어. 가장 먼저 보이는 건 나무들이 울창한 푸른 산이었어.

"와우! 여기 너무 좋다!"

아리는 가슴을 펴고 깊숙이 숨을 들이쉬었어. 그때였어.

"아이고, 큰일 났네, 큰일 났어."

한 무리의 아저씨들이 모여서 울상을 짓고 있었어. 아리와 송송이는 살금살금 아저씨들의 곁으로 다가갔지.

"대체 어떤 놈이 부처님 이마의 수정을 떼어 간 거야?"

"그러니까 말일세. 그 귀한 것을 대체 누가…, 하아…."

"저 아래 불국사에서도 어젯밤에 다보탑의 사자가 사라졌다고 하던데, 같은 사람의 소행일까?"

"범인을 잡지 못하면 우리가 의심받을 텐데 어쩌지?"

아저씨들의 이야기를 들은 송송이가 아리의 귀에 대고 속삭였어.

"여기는 경주 석굴암인 것 같아. 그리고 이번에도 악당 녀석이 뭔가를 훔쳐 간 게 분명해."

송송이의 속삭임에 아리도 고개를 끄덕였어.

그때였어. 지난번에 만났던 하얀 새가 아리와 송송이를 향해 날아오더니 가방 두 개와 쪽지 하나를 떨어뜨렸어.

아리와 송송이는 얼른 쪽지를 펼쳐 보았어.

"이게 대체 뭐야?"

아리와 송송이는 눈을 비비며 쪽지를 몇 번이고 읽어 보았지만 도무지 무슨 뜻인지 알 수가 없었어.

"흠, 또다시 나타나다니 생각보다 용감하군.
너희들이 생각하고 있는 것처럼 석굴암 부처님
이마의 수정과 불국사 다보탑의 사자가 사라진 건
내가 계획한 일이 맞아.
뭐, 그렇다고 그걸 내가 다 훔친 건 아니고,
누구에게 부탁을 좀 했지. 자, 지금부터 미션이다!
사라진 보물이 숨겨진 장소는 바로 여기야.
그럼 열심히 잘 찾아봐. 쉽진 않겠지만…!"

미션 3 부호를 읽어라!

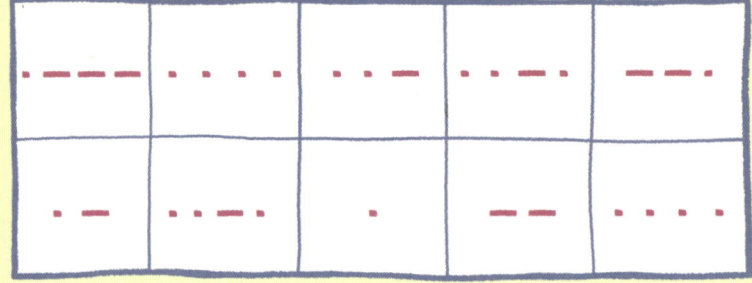

"얼른 가방, 힌트…"

아리가 다급하게 가방을 열어 보았어. 가방 속의 쪽지에는 표 하나가 덩그러니 그려 있었지.

 마치 쪽지 속으로 빨려 들어갈 것처럼 미션과 힌트를 번갈아 읽던 송송이가 갑자기 뭔가 떠오른 듯 고개를 번쩍 들었어. 그리고 다급히 가방에서 수첩과 연필을 꺼냈지.

"ㅎ, ㅜ, ㅣ…."

 송송이는 뭔가를 중얼거리며 수첩에 글자를 적기 시작했어.

33

"송송아, 그게 뭐야?"

송송이가 하는 걸 바라보고 있던 아리가 수첩을 들여다보며 물었지.

"이 부호가 한글을 뜻하는 거잖아. 그러니까 부호랑 한글을 서로 맞춰서 조합해 보려고."

아리는 그제야 고개를 끄덕였어.

한참 수첩에 뭔가를 적던 송송이가 벌떡 일어나 주변을 두리번거리기 시작했어.

"왜, 왜 그래? 뭘 찾는 거야?"

아리도 함께 일어나서 호들갑스럽게 물었지.

"흰 소나무, 흰 소나무를 찾아야 해."

"흰 소나무?"

"응. 부호를 맞춰 보니 '흰 소나무'라고 되어 있었거든."

"산 전체가 온통 소나무인데 그걸 언제 찾아?"

아리가 인상을 찌푸리며 투덜거렸어.

"너무 걱정하지 마. 분명히 가까운 곳에 있을 거야."

송송이는 아리의 어깨에 손을 올리고 걸음을 옮겼어.

그렇게 얼마나 걸었을까? 정말 아리와 송송이의 눈앞에 다른 소나무와 생김새가 다른, 줄기가 꼬불꼬불 휘어 있는 소나무가 나타났어.

아리와 송송이는 소나무 밑을 살펴보았어. 그랬더니 흙을 팠다가 덮은 것처럼 볼록하게 솟은 자국이 보였어.

"얼른 파 보자."

아리와 송송이는 근처에 있는 나뭇가지를 주워서 땅을 파 보았어.

"찾았다!"

아리와 송송이는 부둥켜 안고 펄쩍펄쩍 뛰었어. 그리고 아저씨들에게 달려가 이 소식을 알렸지.

"아이고, 애들아, 정말 고맙다."
"이 귀한 걸 찾아 줘서 정말 고마워."
아저씨들은 아리와 송송이를 향해 한마디씩 인사를 했어.
"그나저나 이걸 훔쳐 간 놈이 대체 누구일까?"
"맞아. 다른 걸 또 훔치지 못하도록 꼭 잡아야 할 텐데…."
보물의 흙을 털고 보자기에 담으며 아저씨들은 이야기를 나누었어. 그때 또 하얀 새가 나타나 쪽지를 떨어뜨렸어.

이번 미션은 좀 쉬웠지? 그렇지만 범인을 찾는 건 결코 쉽지만은 않을 거야! 앞에서 말했지만 이 일은 내가 누구에겐가 부탁한 거야. 그럼 내가 누구에게 부탁했을까? 석굴암에서 일하는 일꾼일까? 아니면 불국사에서 일하는 일꾼일까? 궁금하지?
범인은 바로 이 사람이야!

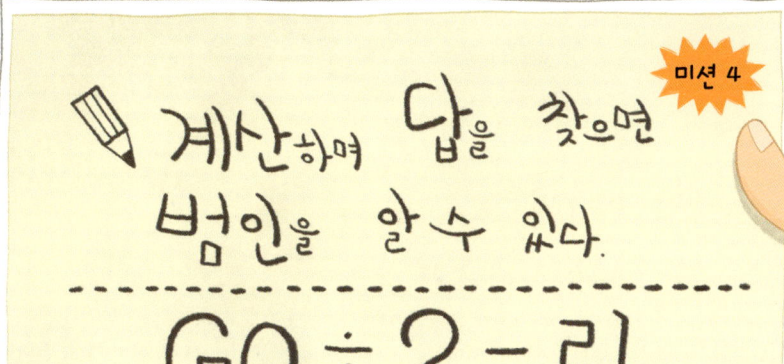

아리와 송송이는 쪽지를 뚫어져라 쳐다보았어. 그러고는 동시에 같은 말을 했지.

"이게 무슨 소리야?

아리와 송송이는 다시 한번 쪽지를 읽는 데 온 신경을 집중했어. 그러다 아리가 고개를 갸웃거리며 혼잣말을 했지.

"석굴암에서 일하는 일꾼? 불국사에서 일하는 일꾼?"

여전히 미션에서 헤어 나오지 못하는 송송이를 두고 아리는 아저씨들에게 다가갔어.

"아저씨, 석굴암과 불국사에서 한꺼번에 보물이 사라진 걸 보면 범인은 두 장소에서 일을 하던 사람이 아닐까요?"

아저씨들은 하던 일을 멈추고 아리를 쳐다보았어.
"오, 정말 그렇구먼."
"넌 정말 대단한 아이구나."
아저씨들은 아리를 향해 엄지손가락을 치켜세우더니 곧이어 네 명의 용의자를 데리고 왔어.
"석굴암과 불국사 모두에서 일했던 사람은 이렇게 넷인데, 범인은 분명 이 중에 있다."

아저씨들은 한참이나 누가 범인일지 의논을 했어. 그 모습을 보던 아리가 송송이의 팔을 툭 쳤어.

"네 가방 속에 힌트 있잖아. 얼른 꺼내 봐."

송송이는 가방을 열어 종이를 꺼내 보았어. 아리와 송송이는 아무 말 없이 쪽지 속으로 빨려 들어갈 것처럼 집중했어. 그렇게 얼마나 지났을까? 송송이가 고개를 번쩍 들며 말했어.

"나 알 것 같아."

"뭔데?"

아리가 눈을 동그랗게 뜨며 물었지.

"'G'를 소문자로 바꾸면 'g'가 돼. 그러니까 'GO'는 'go'인 거야. 여기 모양을 잘 보라고 했잖아. 그러니까 'go'와 비슷한 모양을 찾아보면 숫자로 90이야."

"맞다. 그러니까 90÷2면 45잖아. 그런데 '리'는 뭐야?"

"여기 힌트에 있는 모양을 잘 봐. 그걸 보면…."

"아! 21! 21이야!"

아리가 큰 소리로 외쳤어.

"맞아. 그러니까 45에서 21을 빼면 24."

"오오! 24! 그런데 그게 뭐야? 24가 무슨 숫자인데?"

아리가 감격하며 외치다 멍한 표정으로 송송이를 바라보았어. 송송이는 얼른 아리의 손을 잡고 아저씨들이 모여 있는 곳으로 갔어.

"아저씨, 혹시 이 사람들 중에서 숫자 24와 관련 있는 사람이 있나요?"

웅성거리는 아저씨들 틈에서 한 아저씨가 외쳤어.

"마로! 마로가 스물네 살 아닌가?"

"옳네. 마로가 스물네 살이지."

그때였어. 마로가 갑자기 뒤로 휙 돌더니 도망을 치기 시작했지. 그렇지만 금세 아저씨들에게 잡히고 말았어.

"저는 그냥 시키는 대로 했을 뿐이에요. 며칠 전 밤에 자려고 할 때 검은 옷에 검은 복면을 쓴 사람이 나타나서 이렇게 해야 한다고 시켰어요. 저는 진짜 싫다고 안 한다고 했는데, 그 사람이 무슨 잔칫상처럼 고기랑 떡이랑 잔뜩 차려서 주는 바람에 홀딱 넘어가서…. 정말 죄송해요."

마로는 눈물을 뚝뚝 흘리며 말했어.

"분명히 악당의 짓이야."

송송이가 아리에게 속삭이자 아리도 고개를 끄덕였어.

송송이와 아리는 아저씨들에게 다가가서 말했어.

"아저씨들, 어쨌든 보물은 찾았고, 저 사람도 누군가가 시켜서 한 거라고 하니까 풀어 주면 어떨까요? 대신 저 사람에게 도둑질을 시킨 나쁜 사람은 저희가 꼭 찾아볼게요."

아저씨들은 잠시 동안 이야기를 나누더니 아리와 송송이의 말을 들어주기로 했어.

"고맙습니다. 고맙습니다."

마로는 계속 눈물을 흘리며 아저씨들과 아리, 송송이를 향해 몇 번이고 고개를 숙여 감사의 인사를 했지.

"내가 꼭 악당을 찾아내고 말 거야."

아저씨들이 열심히 일하는 모습을 바라보다 송송이가 주먹을 꽉 쥐며 말했어.

"아무 잘못 없는 사람을 꼬드겨서 도둑질을 시키다니 정말 나쁜 사람인 것 같아."

아리도 눈빛을 반짝이며 말했지.

"어쨌든 보물을 되찾아서 정말 다행이야. 그나저나 이 악당은 어디에서 찾지?"

송송이가 한숨을 길게 내쉬고 있던 그때 또다시 환한 빛이 내려와 아리와 송송이를 감쌌어.

경주 석굴암 & 불국사

 신라의 재상 김대성은 가난한 집에서 태어났어요. 가난했지만 불심이 깊었던 부모님은 김대성을 위해 가지고 있던 밭을 부처님께 바쳤고, 그 덕에 김대성은 부유한 재상의 집에서 다시 태어났지요.
 김대성은 전생의 부모님을 위해 석굴암을 세우고, 현세의 부모님을 위해 불국사를 세웠답니다. 신라의 불교문화와 불교 예술을 보여 주는 석굴암과 불국사는 1995년 유네스코 세계 문화유산으로 지정되었어요.

석굴암

 석굴암의 둥근 천장은 360개의 화강암을 이용해 만들었기 때문에 무게가 어마어마해요. 그럼에도 무너지지 않는 이유는 바로 천장 바깥쪽의 돌못 때문인데, 이 돌못은 아래로 떨어지려는 돌을 바깥쪽으로 당기는 역할을 해요. 그리고 맨 꼭대기에는 돌못이 빠져나가지 않게 덮개돌을 얹었어요.

 석굴암 본존불 뒤에는 성스러움을 나타내는 광배가 있어요. 이 광배는 실제 타원형이지만 거대한 본존불 앞에서 올려다보면 원형으로 보여요.

불국사

　불국사는 통일 신라 시대에 김대성이 지은 사찰로 부처님의 나라를 이 세계에 세우고 싶은 신라인들의 정신을 담고 있어요.

　불국사 대웅전으로 가는 자하문은 청운교와 백운교로 연결되어 있어요. 이 다리는 속세에서 부처의 세계로 들어감을 상징해요. 청운교와 백운교가 이어지는 중간 부분에는 아치 모양의  천장이 있는 통로가 있는데, 통로의 윗부분이 무지개(홍예)를 두 개 겹쳐 놓은 것과 같아 '쌍홍예'라고 불러요.

　자하문을 지나면 대웅전이 보이는데 대웅전을 중심으로 동쪽에는 다보탑이 있고, 서쪽에는 석가탑(불국사 삼층 석탑)이 있어요. 석가탑 안에서는 사리함과 여러 가지 유물들이 발견되었는데, 그중 세계에서 가장 오래된 목판 인쇄물인 '무구 정광 대다라니경'도 함께 발견되었어요.

　대웅전 앞에서는 연꽃 모양으로 장식된 팔각기둥 모양의 석등을 볼 수 있어요.

▲ 석가탑

▲ 다보탑

▲ 석등

3
공주 무령왕릉
누가 진짜 범인일까?

송송이와 아리는 다시 젤리 가게 앞으로 돌아왔어.

"아저씨, 대체 왜 우리한테 이런 일이 일어나는 거예요?"

젤리 가게의 문을 열자마자 아리가 아저씨에게 다가가서 물었어. 아저씨는 늘 그랬듯 온화하게 웃으며 말했지.

"고객님이 젤리를 먹었으니까요."

"아저씨, 우리는 정말 답답하단 말이에요. 대체 이 젤리 가게는 어떤 곳이에요? 아저씨는 또 누구고요? 젤리를 먹으면 왜 우리가 역사 속으로 들어가게 되는 거예요? 그 이유를 알고 싶단 말이에요."

아리의 질문에 아저씨는 잠깐 생각을 했어.

"음, 질문이 많으니까 하나씩 천천히 대답을 해 드리죠. 잘 들어 보세요."

아리와 송송이는 귀를 쫑긋 세웠어.

"나는 아주 오래전에 스승님으로부터 우리나라는 물론 전 세계의 역사와 유적을 배웠어요. 함께 공부하던 친구 중에 나와 단짝으로 지내던 친구가 있었는데, 그 친구는 누구보다 열심히 공부하는 친구였어요. 그런데 어느 날…"

이야기를 하던 아저씨가 창밖을 멀리 바라보며 말했어.

"우리는 그때까지만 해도 일이 이렇게 커지리라고는 생각도 못했죠."

"그다음은요? 다음은 어떻게 되었어요?"

아리의 재촉에 아저씨는 또다시 온화하게 웃으며 말했어.

"이야기가 길어요. 조금씩 나누어서 들려줄 테니 얼른 젤리를 고르도록 하세요. 난 청소를 좀 해야겠어요."

그때 송송이가 귀걸이 모양의 젤리를 가지고 와서 아리에게 건넸어.

"얼른 먹어. 이번에는 꼭 악당을 찾아내고 말 거야."

송송이는 눈빛을 반짝이며 연꽃 모양의 젤리를 꼭꼭 씹어 먹었지.

아리와 송송이가 젤리를 먹고 가게를 나오는 순간 환한 빛이 아리와 송송이를 감쌌어. 그리고 잠시 후 빛이 사라지자 온통 초록색의 들판에서 열심히 일을 하는 일꾼들이 보였어. 아리와 송송이는 얼른 다가가 보았지.

제일 먼저 아리와 송송이의 눈에 띈 건 차곡차곡 쌓여 있는 벽돌이었어. 벽돌에는 연꽃무늬가 새겨져 있었는데, 송송이가 먹었던 젤리의 모양과 똑같았지.

잠시 후 일꾼 아저씨들이 벽돌을 가지고 어디론가 들어가는 모습이 보였어.

"우리도 가 보자."

송송이가 아리의 손을 잡고 아저씨들의 뒤를 따라갔어.

아저씨들이 들어간 곳은 입구가 매우 좁아서 겨우 한 사람만 들어갈 수 있었지.

　작은 입구로 들어서자 방 같은 곳이 나왔는데, 벽과 천장이 온통 꽃 모양으로 새겨진 벽돌로 채워져 있었어.
"우와, 예쁘다!"
　아리가 사방을 둘러보는데 송송이가 손을 잡아당겼어.
"지금 구경하고 있을 때가 아니야. 악당이 분명 무슨 짓을 벌이고 있을 거야. 언제 하얀 새가 올지 모른다고."
　아리는 좀 더 둘러보고 싶었지만, 송송이의 재촉에 하는 수 없이 밖으로 나가야 했어.

아리와 송송이는 처음 들어왔던 좁은 입구로 갔어. 그리고 앞뒤로 서서 밖으로 막 나가려고 할 때였지.

"잠깐 거기에 서 보거라!"

입구를 지키던 관리가 아리와 송송이를 막아서며 외쳤어.

"왜, 왜 그러세요?"

아리는 어깨를 잔뜩 움츠리며 물었지.

"무덤에 들어가야 할 금제 관장식과 귀걸이, 은팔찌가 사라졌다. 너희들 중에 범인이 있을 수 있으니 어디 가지 말고 여기 있어야 한다."

관리는 손가락으로 어딘가를 가리켰어. 거기에는 벽돌을 나르던 아저씨들이 모여 있었고, 군사들이 지키고 서 있었지.

"무덤? 관장식? 이게 대체 어떻게 된 거야?"

아리가 잔뜩 겁먹은 표정으로 송송이에게 귓속말을 했어.

"악당의 짓이지, 뭐."

송송이가 별로 놀랍지도 않다는 듯 말했어.

"아저씨, 우리는 여기에 처음 왔는데요, 뭐 하는 곳이에요?"

송송이는 옆에 있던 아저씨에게 조용히 물었어.

"여기는 왕의 무덤을 만드는 곳이라네."

"무덤인데 귀걸이 같은 게 없어졌다고요?"

"왕이 돌아가시면 왕이 쓰던 장식품을 함께 묻는데, 그것이 사라졌다고 하는군."

아리와 송송이는 그제야 고개를 끄덕였어. 그때 멀리에서 하얀 새가 날아오는 게 보였어.

"드디어 왔군."

새는 아리와 송송이에게 가방 두 개와 쪽지를 떨어뜨리고 날아갔지. 아리가 먼저 다급히 쪽지를 펼쳤어.

> 흠, 이제 너희의 용기는 인정해 주겠어!
> 지금쯤 이미 눈치를 챘겠지만 왕의 무덤에서 일어난 도난 사건은 내가 벌인 일이 맞아. 하지만 나도 이번에는 좀 억울하다고!
> 금제 관장식과 귀걸이, 은팔찌는 지금 나에게 없거든.
> 내가 순진하게 생긴 일꾼에게 일을 시켰는데,
> 이 일꾼이 그만 보물을 빼앗겨 버린 거야.
> 그러니 너희는 일꾼도 찾아야 하고, 그걸 빼앗은 사람도 찾아야 해.
> 아마 관리와 군사들은 너희들 중에서 범인을 찾고 있을걸?
> 관리와 군사들이 하는 이야기를 잘 듣고 문제를 잘 해결해 봐.
> 안 그러면 너희가 모두 범인으로 몰려 백제 감옥에 갇히게 될 테니까!

"뭐야? 이번 미션은 악당이 아니라 군사들이 내는 거야?"

송송이가 혼잣말로 중얼거릴 때였어. 관리 두 명과 군사 두 명이 다가왔지.

"우리가 조사해 보니 너희들 중에서 네 번째로 들어간 사람이 범인인 것으로 의심된다. 누가 네 번째로 들어갔느냐?"

아저씨들과 아리, 송송이는 서로를 멀뚱멀뚱 바라보다 한 목소리로 말했어.

"모르겠는데요."

관리들은 답답하다는 듯 한숨을 한 번 쉬더니 한 명씩 언제 들어갔는지 이야기해 보라고 했어.

"그럼 네 번째로 들어간 자는 누구란 말인가?"

관리들과 군사들은 소리를 버럭 질렀어. 그렇지만 누구도 네 번째로 들어간 사람이 누구인지 알 수가 없었지.

"아리야, 복주머니에서 힌트 쪽지 꺼내 보자."

아리는 가방에서 복주머니를 꺼내 힌트 쪽지를 펼쳤어.

아리와 송송이는 쪽지가 뚫어질 듯 그림을 노려보았어. 그러더니 송송이가 가방에서 수첩과 연필을 꺼냈어.

"뭔가 떠오른 거야?"

아리가 송송이에게 바짝 붙어 서며 물었지.

송송이는 사람들이 말한 것을 떠올리며 각각의 순서가 어디인지 적기 시작했어.

"일단 확실한 건 해구 아저씨가 세 번째로 들어갔다는 거야. 그리고 아리 넌 그보다 먼저 들어갔으니까 첫 번째나 두 번째로 들어간 거지. 그런데 너 기억나? 내가 너보다 훨씬 늦게 들어갔잖아."

"맞아."

아리가 고개를 끄덕였어.

"내 앞에는 길성 아저씨가 있었고, 연돌 아저씨는 처음도 마지막도 아니라고 했어. 그러니까 이렇게 되는 거지."

송송이는 수첩을 아리에게 보여 주었어.

아리는 고개를 갸웃거리며 복주머니에서 나온 쪽지를 다시 한번 펼쳐 보았어.

"어? 어! 맞다! 길성 아저씨가 맞았어. 이것 봐. 길하고 성이 그려져 있잖아."

아리와 송송이는 관리에게 가서 지금까지 추리해낸 것들을 이야기해 주었어. 관리들과 군사들은 아리와 송송이의 말대로 사람들을 줄 세워 보았지. 그러자 길성이의 얼굴이 하얗게 질리기 시작했어.

"나, 난 몰라요. 난 누가 시켜서 한 건데, 보물도 빼앗기고 말았다고요! 난 정말 몰라요!"

길성이는 울상이 되어 소리치더니 정신없이 달려서 도망을 가버리고 말았어.

"역시 악당의 말이 맞았어."

"악당이 좀 이상하긴 하지만 거짓말은 안 하는 것 같아. 그치?"

아리와 송송이가 도망치는 길성이의 뒷모습을 보며 이야기하고 있을 때 또다시 하얀 새가 날아와 쪽지를 떨어뜨렸어.

"쳇, 자기도 악당이면서 누구한테 벌을 주래?"

송송이가 코웃음을 쳤어.

"아, 정말 무슨 말인지 하나도 모르겠다."

아리는 자리에 털썩 주저앉으며 한숨을 내쉬었지.

"아리야, 자세히 보면 답이 보일 거야. 힘을 내."

송송이가 아리의 옆에 앉으며 어깨를 두드렸어. 그렇지만 송송이가 봐도 정말 무슨 말인지 도저히 알 수가 없었어.

"나옷사인, 비을람이, 장입이라, 식은범고…. 이거 뭐 억지로 끼워 맞출 수도 없고…."

중얼거리던 송송이는 복주머니를 열어 보았어.

쪽지에는 정말 딱 저렇게만 적혀 있었어.

"아, 나 뭔가 알 것 같아."

아리가 심각한 얼굴로 미션 쪽지와 힌트 쪽지를 번갈아 보았어.

"범인은 저 사람이야!"

아리는 관리 한 명을 가리키며 큰 소리로 외쳤어.

"'나비 장식 옷을 입은 사람이 범인이라고' 이렇게 적혀 있어. 세로로 읽어 보면 되는 거였다고!"

아리는 쪽지를 송송이에게 건넸어. 그러고 보니 정말 아리가 가리킨 관리의 옷에 나비 모양의 장식이 달려 있었지.

"길성이가 영 수상해서 뒤를 밟았더니 이것들을 몰래 훔치고 있었어요. 그걸 보자 욕심이 나서 그만…."

관리는 고개를 푹 숙인 채 말을 끝맺지 못했어.

"다음에는 일부러 미션을 못 풀어야겠어."

송송이의 말에 아리는 깜짝 놀랐어.

"왜애?"

"미션을 해결하면 우린 젤리 가게로 돌아가게 되고, 그러면 악당을 잡을 수가 없게 되잖아. 문제를 못 풀고 여기 남으면 언젠가 악당을 잡을 수도 있을 텐데…."

아리는 손사래를 쳤어.

"아니야. 그런 생각은 하지 마. 여기 남는 건 너무 무섭잖아."

"하아, 그 악당 녀석을 어떻게 잡지?"

송송이가 한숨을 쉬던 그때 또다시 밝은 빛이 아리와 송송이를 감쌌어.

공주 무령왕릉

  무령왕릉은 백제 제25대 왕인 무령왕과 왕비의 무덤이에요.

  무령왕릉에서 무덤의 주인이 누구인지 알려 주는 묘지석이 발견되었고, 이 때문에 백제의 무덤 중에서 유일하게 무덤이 지어진 시기와 무덤의 주인이 알려진 무덤이에요.

  무령왕릉의 내부는 벽돌을 쌓아 만들었는데, 이와 같은 벽돌무덤은  당시 중국 남조의 영향을 받은 무덤 양식이라고 해요. 또 왕과 왕비의 관은 금송이라는 나무로 만들어졌는데, 금송은 일본에서 자라는 나무였어요. 무령왕릉을 통해 당시 백제가 중국, 일본과 활발하게 교류하고 있었다는 것을 알 수 있어요.

무령왕릉에서는 장신구와 칼 등 4,600여 점에 이르는 유물이 발견되었는데, 이 중에 17점이 국보로 지정되어 있어요.

무령왕릉에서 발견된 유물은 언제 만들어지고 사용되었는지가 명확하므로 우리나라의 미술 역사 연구에 귀중한 자료가 되고 있답니다.

▲ 무령왕 금귀걸이

▲ 무령왕비 금제 관식

공주 송산리 고분군

충남 공주 송산리 고분군에는 무령왕릉을 비롯한 6개의 백제 무덤이 있어요. 지금은 문화재 보존을 위해 입구를 모두 막아서 무덤 내부로 들어갈 수가 없어요. 하지만 무령왕릉 전시관에 가면 무덤 내부를 그대로 재현한 공간이 있어서 그 모습을 생생하게 체험해 볼 수 있답니다.

4
수원 화성
도르래가 사라졌다고?

빛이 사라지자마자 아리는 젤리 가게로 뛰어 들어갔어.

"아저씨! 다음 이야기도 얼른 해 주세요!"

아저씨는 그럴 줄 알았다는 듯 웃으며 고개를 끄덕였지.

"그 후로 우리는 스승님 방에 있던 간식을 먹고 역사 속 곳곳을 여행하게 되었어요. 우리는 겨우 간식을 먹었을 뿐인데 정말 놀라운 경험을 하게 되었죠."

"어? 지금 우리랑 똑같잖아요."

아리가 깜짝 놀라며 말했어.

"그럼 아저씨는 악당의 정체도 아세요? 악당은 대체 누구예요?"

어느새 젤리를 골라 온 송송이가 다급하게 물었어.

아저씨는 고개를 절레절레 저었지.

"그건 말할 수 없어요. 난 고객님들이 해결해야 할 일에 대해 어떠한 단서도 줄 수가 없답니다. 그저 옛날이야기만 해 줄 뿐이지요."

아저씨의 말에 아리도 송송이도 크게 실망했어.

"그래도 우리는 악당을 찾아야 하니까 얼른 젤리 먹자."

송송이는 성 모양의 젤리를 아리에게 건네며 동그란 도르래 모양의 젤리를 입에 넣었지.

젤리를 먹고 가게 밖으로 나오자 늘 그렇듯 환한 빛이 아리와 송송이를 감쌌어.

빛이 사라지자 커다란 돌이 잔뜩 쌓여 있는 공사장의 모습이 나타났어.

"이번에도 공사장이네."

"그런데 분위기가 지난번하고는 완전히 다른데?"

아리와 송송이는 두리번거리면서 돌아다녀 보았어.

"정말 넓다. 뭔가 큰 건물을 짓는 것 같아."

"돌도 엄청 크고 무거워 보이는데, 저걸 어떻게 쌓아서 건물을 만들지?"

아리와 송송이가 이야기하며 돌아다니고 있을 때였어.

"뭣이라고? 거중기에 도르래가 사라졌다고?"

한 아저씨의 큰 목소리가 들려왔어.

"가 보자."

아리와 송송이는 약속이라도 한 것처럼 똑같이 말하고 목소리가 들리는 곳으로 달려갔어.

"거중기를 잘 지키라고 그렇게 말했거늘, 어쩌다 이런 일이 벌어진 것이냐?"

관리로 보이는 아저씨가 젊은 일꾼들에게 호통을 치고 있었어.

"어젯밤에 정말 잠깐 졸았을 뿐인데 그 사이에 그만…."

"잘못했습니다. 정말 잘못했습니다."

일꾼들은 엎드린 채 울먹이고 있었지.

"어허, 그나저나 큰일이로구나. 거중기에 도르래가 없으면 저 돌을 어찌 옮기고, 성을 어찌 쌓는단 말이냐?"

관리는 산더미처럼 쌓여 있는 돌들을 보며 한숨을 쉬었어.

"이번에도 그 악당의 짓인 것 같지?"

아리의 말에 송송이가 고개를 끄덕였어.

"이제 하얀 새가 나타날 때가 된 것 같은데…."

송송이의 말이 끝나기 무섭게 저 멀리에서 하얀 새가 날아왔어. 그리고 늘 그랬듯 쪽지 하나와 가방 두 개를 떨어뜨렸지.

아리와 송송이는 쪽지를 뚫어져라 쳐다봤어. 그렇지만 대체 이게 뭘 뜻하는 건지 알 수가 있어야지.

이미 너희들도 짐작하고 있겠지만 도르래를 숨긴 건 나야. 도르래가 없으면 거중기는 제 역할을 할 수 없으니 당장이라도 찾고 싶겠지? 그렇다면 미션을 주는 수밖에…! 그럼 이번에도 잘 풀어 봐! **음하하하!**

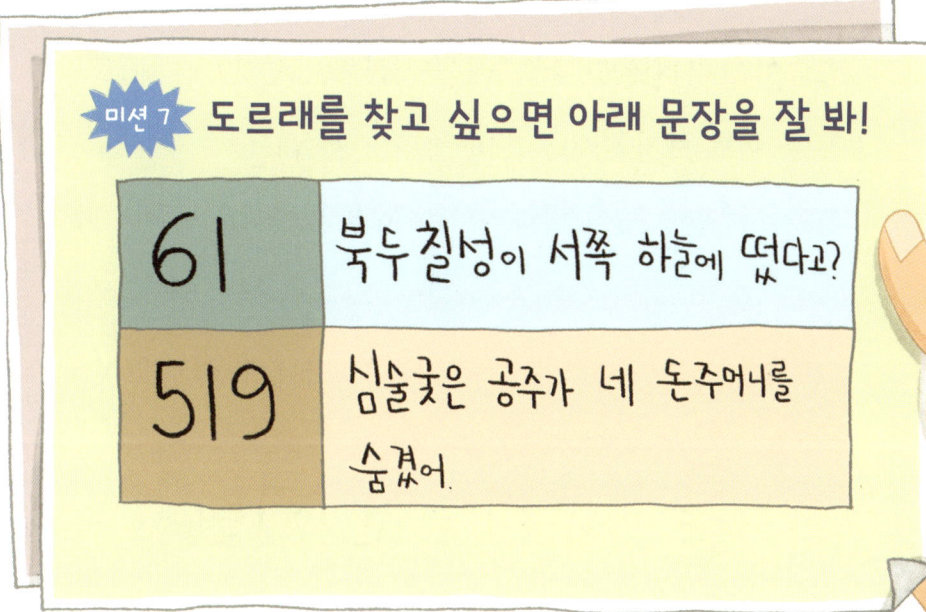

"북두칠성이면 북쪽에 뜨는 별이잖아. 그런데 왜 서쪽이야? 이게 문제인가?"

"심술궂은 공주가 돈주머니를? 공주를 만나러 가야 하는 건가?"

아리와 송송이는 머리를 맞대고 이런저런 이야기를 주고받았어. 그렇지만 곧 뒤로 벌렁 주저앉고 말았지.

"아, 모르겠다."

송송이는 아리에게 다급하게 손짓을 했어.

"얼른 힌트 보자."

아리는 가방을 열어 힌트 쪽지를 펼쳐 보았어.

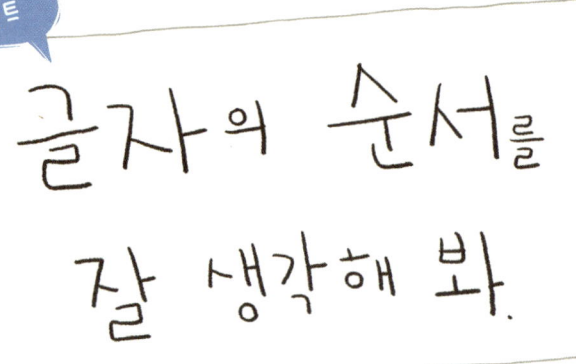

"자, 생각을 해 보자, 생각을…."

송송이는 손가락으로 머리를 톡톡 두드리며 미션 쪽지와 힌트 쪽지를 번갈아 보았어.

아리 역시 두 쪽지를 쳐다보느라 눈이 아플 지경이었지. 그러다 아리가 큰 소리로 말했어.

"순서! 순서를 생각해 보라고 했잖아. 그럼 앞에 쓰인 숫자가 순서 아닐까?"

아리의 말을 들은 송송이는 재빨리 글자를 하나씩 손가락으로 짚어 보았어.

"여섯 번째 글자가 '서', 첫 번째 글자가 '북'."

아리도 둘째 줄의 글자를 손가락으로 짚으며 말했지.

"다섯 번째 글자는 '공', 첫 번째는 '심', 아홉 번째 글자는 '돈'이야."

"서, 북, 공, 심, 돈?"

아리와 송송이는 천천히, 또박또박 글자를 하나씩 말했어. 그러자 옆에 서 있던 관리와 일꾼들이 한꺼번에 아리와 송송이를 쳐다보았지.

"얘들아, 뭐라고 했느냐?"

송송이는 관리에게 다가가 말했어.

"저희가 사라진 도르래를 찾을 수 있을 것 같아요. 그런데 '서북공심돈'이 뭐예요?"

"서북공심돈은 적의 침입을 감시하고 공격할 수 있게 만든 돈대다. 그런데 서북공심돈에 도르래가 있다는 말이냐?"

아리와 송송이는 고개를 크게 끄덕였어.

"네. 거기에 있을 거예요."

그렇지만 관리는 의심스러운 얼굴로 아리와 송송이를 바라보았어.

"내 너희를 어찌 믿는단 말이냐?"

그때 일꾼들 중 한 명이 말했어.

"어차피 지금 어디든 찾으러 가야 하지 않습니까? 서북공심돈을 찾아보고 저 아이들의 말이 거짓이면 그때 벌하면 되지 않겠습니까?"

관리는 잠시 생각하다가 고개를 끄덕였어.

"만약 거짓이면 큰 벌을 받을 줄 알아라."

"네. 걱정 마세요."

아리와 송송이는 생글생글 웃으며 말했어.

관리와 일꾼들, 아리와 송송이는 서북공심돈 앞에 도착했어. 서북공심돈은 망을 보는 곳이라 그런지 아주 높게 지어져 있었지. 서북공심돈 안으로 들어가 보니 위로 올라갈 수 있는 사다리가 있었어. 일꾼들은 재빨리 사다리를 타고 위로 올라갔지.

"여기 상자가 있습니다!"

저 위에서 한 일꾼의 목소리가 쩌렁쩌렁 울려 퍼졌어.

"가지고 내려오너라!"

관리 역시 큰 소리로 외쳤지.

"드디어 찾았다."

아리와 송송이가 환히 웃으며 작은 소리로 외쳤어.

잠시 후 일꾼들은 나무 상자 하나를 가지고 내려왔어. 그렇지만 아무도 상자를 열지 못하고 멀뚱히 쳐다보고만 있었어. 왜냐하면 상자는 아주 튼튼하게 생긴 자물쇠로 잠겨 있었거든.

관리는 아리와 송송이에게 버럭 화를 냈어.

"네 이놈들! 지금 우리를 속이는 것이냐? 열 수도 없는 상자를 찾아서 무엇에 쓴단 말이냐!"

"아, 아니에요. 우리는 절대 속이지 않았어요. 분명히 상자를 열 수 있는 방법이 있을 거예요."

아리와 송송이는 서북공심돈 밖으로 얼굴을 빼꼼히 내밀어 보았어.

"지금쯤이면 하얀 새가 나타날 것 같은데…."

송송이의 혼잣말이 끝나기 무섭게 저 멀리에서 하얀 새가 날아오더니 쪽지 하나를 떨어뜨렸어.

"어후, 어지러워."

고개를 뱅글뱅글 돌리며 미션을 읽던 송송이가 한숨을 내쉬었어.

"얼른 힌트부터 보자."

아리의 말에 송송이는 가방에서 힌트 쪽지를 꺼냈어.

"반복되는 글자?"

아리와 송송이는 다시 한번 고개를 뱅글뱅글 돌리며 미션을 읽어 보았어.

"동글동글 도르래! '동글동글 도르래'가 반복되는 글자야!"

아리가 눈을 동그랗게 뜨며 외쳤어.

"맞네. 동글동글 도르래, 이 글자를 지워 보라고 했지?"

송송이가 연필을 꺼내 '동글동글 도르래'라는 글자에 가위표를 치기 시작했어.

"화, 서, 문, 담, 장, 밑?"

 '동글동글 도르래'를 모두 지우자 나타난 글자는 '화서문 담장 밑'이었지.

 "화서문 담장 밑이에요. 거기에 열쇠가 있어요."

 아리와 송송이는 관리와 일꾼들에게 달려가며 외쳤어.

 관리와 일꾼들, 그리고 아리와 송송이는 다급히 화서문으로 가 보았어. 그리고 모두 띄엄띄엄 흩어져서 담장 밑을 살펴보았지. 그렇게 얼마나 시간이 지났을까?

 "여기다. 여기 땅을 판 흔적이 있습니다!"

일꾼 한 명이 소리쳤어. 모두가 일꾼이 있는 곳으로 우르르 달려갔어.

아리와 송송이가 다가갔을 때 일꾼 두 명은 이미 손으로 땅을 파고 있었지. 잠시 후 한 일꾼이 흙으로 범벅이 된 주머니 하나를 꺼냈어.

"여기 열쇠가 들어 있습니다."

일꾼이 관리에게 열쇠를 가지고 왔어. 어찌나 열심히 땅을 팠는지 얼굴엔 땀이 송골송골 맺혀 있었지.

관리는 얼른 열쇠로 상자를 열어 보았어. 상자 안에는 사라졌던 도르래들이 들어 있었지.

"하아, 드디어 찾았구나. 이제 다시 성을 쌓을 수 있겠다."

관리는 안도의 한숨을 내쉬었어.

"애들아, 의심해서 미안하구나. 너희들 덕분에 찾게 되어서 정말 고맙다."

관리는 아리와 송송이에게 다가오더니 미소를 지으며 말했어.

"우리도 정말 고마워. 너희가 아니었으면 도르래도 찾지 못하고, 우리는 큰 벌을 받았을 거야."

일꾼들도 감사의 인사를 전했지.

미션을 해결한 아리와 송송이는 거중기로 성을 짓는 모습을 바라보았어.

"저렇게 큰 돌도 쉽게 들어 올리네? 신기하다. 도르래가 없었으면 정말 큰일 날 뻔했어."

아리가 웃으며 말했어. 하지만 송송이는 한숨을 내쉬었어.

"하아, 악당 녀석이 이런 나쁜 장난을 치지 못하도록 해야 하는데, 대체 어디에서 잡아야 하지? 얼마나 더 젤리를 먹어야 악당을 잡을 수 있을까?"

송송이가 한 번 더 한숨을 내쉬자 환한 빛이 아리와 송송이를 감쌌어.

네 번째 여행지

수원 화성

 수원 화성은 조선 22대 왕 정조가 왕위에 오르지 못하고 죽음에 이른 아버지 사도세자의 묘를 양주에서 수원으로 옮기면서 지은 성이에요.
 정조는 아버지에 대한 효심을 근본으로 왕권을 강화하여 새로운 정치적 포부를 펼치기 위해 수원에 화성을 짓기 시작했어요. 화성 내부에는 왕이 머무를 수 있는 행궁을 만들어 수시로 아버지의 묘를 참배했다고 해요.
 수원 화성은 4개의 성문(장안문, 팔달문, 화서문, 창룡문)을 비롯해 성곽 주변에는 적군의 공격을 감시하고 방어할 수 있는 시설 등이 있는데, 조선 후기의 과학과 건축 기술을 잘 보여 주는 건축물로 큰 의미가 있어요.
 건축 기술 중 대표적인 것이 조선 후기 실학자 정약용이 만든 '거중기'예요. 정약용은 중국의 '기기도설'이라는 책을 참고하여 거중기를 만들었는데, 화성을 지을 때 거중기를 이용해 무거운 돌도 쉽게 옮기거나 쌓을 수 있었어요. 그래서 사람들의 힘도 적게 들고 성을 쌓는 시간도 줄일 수 있었어요. 거중기와 비슷한 역할을 한 기계 중에는 '녹로'도 있어요. 녹로 역시 도르래를 이용한 것으로 화성을 지을 때 사용되었어요.

당시 화성을 짓는 모든 과정과 방법은 〈화성성역의궤〉라는 책에 글과 그림으로 자세히 담겨 있어요. 현재에도 이 책을 바탕으로 보수 작업을 한다고 해요.

수원 화성은 뛰어난 과학 기술과 예술성을 인정받아 1997년에 유네스코 세계 문화유산으로 지정되었어요.

▲ 거중기(상)와 녹로(하)

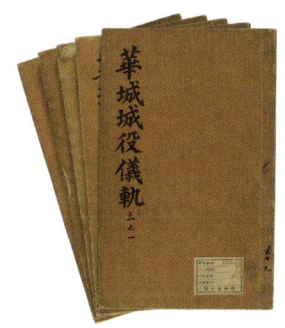
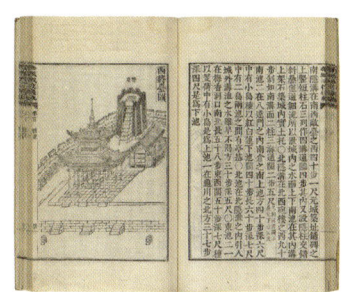
▲ 화성성역의궤

5
영주 부석사
곧은 선일까? 휜 선일까?

빛이 사라지고 다시 젤리 가게로 돌아오자 아리는 잽싸게 가게로 뛰어 들어갔어. 아저씨의 다음 이야기가 궁금해서 견딜 수가 없었거든.

"아저씨, 아저씨, 얼른 이야기해 주세요."

아저씨는 여전히 미소를 지으며 이야기를 시작했지.

아저씨는 더 이상 이야기를 하지 않았어.

"오늘도 딱 그만큼만 이야기해 주실 거예요?"

아리는 입을 삐죽 내밀며 물었지.

"하하하, 더 해 드리고 싶어도 그럴 수가 없군요. 지금 친구가 젤리를 잔뜩 가지고 오고 있어요."

아리가 뒤를 돌아보자 이미 젤리를 우물거리고 있던 송송이가 아리에게 주먹을 내밀었어. 보나 마나 주먹 안에는 젤리가 잔뜩 들어 있었지. 이번에는 바위 모양의 젤리였어.

아리와 송송이는 젤리를 먹으며 가게를 나왔어.

잠시 후 환한 빛이 또다시 아리와 송송이를 감쌌지.

빛이 사라지자 아리와 송송이의 눈에 보인 건 울창한 숲과 기와지붕이었어.

"여긴 절이 분명하군."

아리와 송송이는 뚜벅뚜벅 절 안으로 걸어 들어갔어. 절은 아주 조용하고 평온했어.

"하아, 속상하다…"

절을 둘러보던 아리가 한숨을 쉬었어.

"왜?"

"이렇게 조용하고 아름다운 절인데 이제 곧 무슨 일이든 벌어질 거잖아. 우리가 왔으니까…"

아리의 말에 송송이가 고개를 끄덕였어.

"맞아. 무슨 일이든 벌어지겠지."

아니나 다를까, 그때였어.

"하아, 대체 그것이 어디로 사라졌단 말이오?"

"정말 눈 깜짝할 사이에 없어졌습니다. 귀신이 곡할 노릇입니다."

작은 법당 앞에서 누군가가 깊은 한숨을 쉬며 이야기를 나누고 있었어. 귀를 쫑긋 세우고 있던 아리와 송송이가 눈빛을 주고받았지.

"가 보자."

법당 앞에서는 스님 한 분과 아저씨 한 분이 서 있었어.

"한참 그림을 그리느라 열중하다 뒤를 돌아보니 석채(돌가루 물감)가 모두 사라져 있었습니다. 정말 이런 일은 살다 처음입니다."

화가로 보이는 아저씨는 계속 안절부절못하며 변명을 하고 있었고, 스님은 하늘만 바라보며 한숨만 쉬고 있었지.

"어휴, 이 악당 녀석, 또 사고를 저질렀어."

"대체 왜 이런 일을 벌이는 거지?"

송송이와 아리가 이야기를 나누고 있을 때 멀리에서 하얀 새가 날아오는 게 보였어. 잠시 후 하얀 새는 쪽지와 가방 두 개를 떨어뜨리고 날아가 버렸지.

아리와 송송이는 쪽지를 펼쳐 뚫어져라 읽어 보았어.

안녕?
너희들도 보면 알겠지만 이곳은 정말 조용하고 아무 일도 일어나지 않는 곳이야. 그래서 내가 너희에게 줄 미션을 찾기가 참으로 어려웠어. 그런데 마침 조사당이라는 법당을 새로 지으면서 벽화를 그린다고 하지 않겠어? 하하하, 나도 힘들게 만든 미션이니까 너희들도 최선을 다해 풀어 주길 바라겠어. 자, 이곳에서의 첫 번째 미션은 아주 쉬워!

1. 왼쪽과 오른쪽의 주황색 동그라미 중에서 어떤 것이 더 클까?

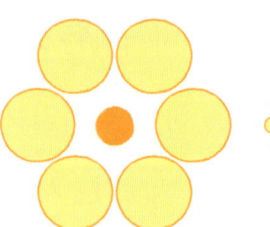

2. 빨간색 두 선은 곧은 선일까? 휜 선일까?

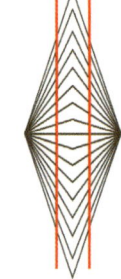

3. 두 개의 노란 선 중 어떤 것이 더 길까?

"1번은 오른쪽 동그라미가 훨씬 크잖아."

"2번은 안쪽으로 휘어 있는 거 아니야? 위와 아래보다 가운데가 서로 더 가까워 보이는데?"

"3번의 노란 선은 위쪽이 더 길지. 이번 미션은 정말 쉽네."

아리와 송송이는 자신만만하게 말했어. 그런데 주변은 아직도 너무나 조용했어. 여전히 화가 아저씨와 스님은 한숨만 내쉬고 있었고, 달라진 건 아무것도 없었지.

"뭐야? 우리가 답을 다 맞혔는데도 왜 아무 일이 없는 거야?"

아리와 송송이는 어리둥절하게 주변을 둘러보았어. 그러다 잠시 후 아리가 조심스럽게 말을 꺼냈어.

"송송아, 혹시 우리가 답을 못 맞힌 거 아닐까?"

"설마…."

"송송아, 우리 힌트 보자."

아리의 말에 송송이는 복주머니를 열어 보았어. 복주머니에는 늘 있던 쪽지 대신 작은 플라스틱 자가 들어 있었어.

"자? 자가 왜 나온 거야?"

아리와 송송이는 자를 보며 고개를 갸웃거렸어.

"어쨌든 이 자가 힌트라는 거잖아. 그러면 아무거라도 재 보자."

아리는 미션 쪽지를 펼쳐 이리저리 자를 대 보았지. 그런데 이게 웬일이야?

"송송아, 우리가 말한 답이 다 틀렸나 봐."

"무슨 소리야?"

"뭐야? 정말 하나도 빠짐없이 다 틀렸네."

아리와 송송이는 놀라워하며 고개를 절레절레 저었어.

"그런데 지금 우리가 이러고 있을 때가 아니야. 얼른 정답을 말해야 하잖아."

아리의 말에 송송이도 고개를 끄덕였어.

"1번은 두 동그라미의 크기가 같다. 2번의 두 선은 휘지 않은 곧은 선이다. 3번의 두 노란 선은 길이가 같다."

아리와 송송이가 입을 모아 말을 하자 어느새 하얀 새가 날아와 쪽지를 떨어뜨렸어.

아리와 송송이는 얼른 무량수전으로 가 보았어. 이곳도 역시 아주 조용한 곳이었지. 주변 풍경을 잠깐 둘러보는 사이 하얀 새가 날아와 쪽지를 떨어뜨렸어.

> 음, 먼저 쪽지를 버리지 말라는 내 조언을 무시하지 않았길 바라. 왜냐하면 이번 미션은 첫 번째 미션의 2번 문제와 관련이 있기 때문이지.
> 지금 너희의 주변에는 2번 문제의 착시 현상 때문에 특별한 모양으로 만들어진 기둥이 있어. 그 기둥의 뒤쪽에 너희가 찾는 물건이 있을 거야. 지금 먼저 기둥부터 찾아야겠지? 이번에는 더 빨리, 잘 찾아내길 바랄게.
> 마음대로 될지는 모르겠지만… **음하하하!**

미션 10

"쳇, 이래서 첫 번째 미션 쪽지를 버리지 말라고 했구나?"

송송이는 주섬주섬 첫 번째 미션 쪽지를 꺼냈어.

"2번 문제라면…. 이거네. 곧은 선이 휘어진 것처럼 보이는 것 말이야."

아리가 2번 문제를 손가락으로 가리켰지.

"그런데 이 착시 현상 때문에 특별하게 만들어진 기둥이라고? 그게 뭘까?"

아리와 송송이는 무량수전의 곳곳을 돌아보며 고민에 빠졌어.

"이번에도 우리 힘으로 해결하는 건 무리야. 힌트 보자."

송송이가 고개를 저으며 말했어.

아리는 얼른 복주머니를 열어 보았지.

　힌트 쪽지를 뚫어져라 읽던 아리와 송송이는 자리에서 벌떡 일어나 무량수전을 다시 살펴보았어. 그러다 아리가 외쳤지.

"송송아, 저기 좀 봐!"

　아리가 가리킨 건 무량수전의 기둥이었어.

송송이는 고개를 갸웃거렸지.

"저 기둥이 왜?"

"기둥의 가운데 부분이 불룩하잖아. 여기 힌트에 있는 그림들처럼…."

"정말 그러네? 그런데 저 기둥이 2번 문제랑 무슨 관련이 있는 거야?"

잠깐 생각을 하던 아리가 말했어.

"그러니까 난 말야, 이 기둥을 만들던 사람들이 이런 생각을 했던 게 아닐까 싶은데…."

"오! 그럴 수도 있겠다. 그럼 우리가 지금 이러고 있을 때가 아니잖아."

아리와 송송이는 재빨리 기둥이 있는 쪽으로 가 보았어. 기둥 옆의 문을 열고 기둥 뒤쪽을 샅샅이 살펴보았어.

"여기 있다!"

아리가 소리치는 곳에는 보자기에 싸인 상자가 놓여 있었어. 아리와 송송이는 조심스럽게 보자기를 풀고 상자를 열어 보았어.

상자 안에는 여러 개의 도자기 그릇이 들어 있었고, 그릇에는 다양한 색의 석채가 담겨 있었지.

아리와 송송이는 석채가 담긴 상자를 들고 조사당 앞으로 달려갔어. 화가 아저씨와 스님은 여전히 걱정스러운 표정으로 한숨만 쉬고 있었지.

"스님, 저희가 이걸 찾았어요!"

아리와 송송이는 상자를 내밀었어.

"아니, 이것을 어디에서 찾았느냐?"

화가 아저씨는 깜짝 놀라며 물었어.

"저기 무량수전 기둥 뒤에 누가 숨겨 놨었나 봐요."

"아주 나쁜 녀석이죠."

아리와 송송이는 신이 나서 대답했지.

"세상에. 워낙 구하기 힘든 석채라서 정말 걱정했는데, 너희 덕분에 찾았구나."

"정말 고맙다. 이제 벽화를 완성할 수 있게 되었어."

화가 아저씨와 스님은 몇 번이고 아리와 송송이에게 인사를 했어.

"석채를 찾아서 정말 다행이야."

"그건 다행인데, 악당 녀석은 이번에도 못 찾았잖아. 그 녀석을 찾아야 이런 일이 다시는 벌어지지 않을 텐데…"

아리와 송송이가 도란도란 이야기를 나누고 있던 그때 환한 빛이 둘을 감쌌어.

영주 부석사

　부석사는 신라 문무왕 676년에 의상대사가 왕명을 받들어 창건한 사찰이에요. 부석사 창건에 얽힌 이야기는 <삼국유사>에 기록되어 있는데, 의상대사와 선묘 낭자의 아름다운 설화로 유명해요. 신라의 승려였던 의상은 불교를 공부하기 위해 떠난 당나라에서 선묘라는 여인을 만나게 돼요. 의상을 사모했던 선묘는 의상이 귀국할 때 바다에 몸을 던져 용이 되어 의상의 뱃길을 지켜주었어요. 또 영주에 부석사를 지을 때는 바위로 변신해 도적을 물리쳐서 의상을 도왔다고 해요.
　부석사의 무량수전 뒤쪽에 '부석(浮石, 뜬 바위)'이라는 바위가 있는데, 바로 선묘가 변해서 된 바위라고 전해지며, 부석사의 이름 역시 이 바위에서 유래된 것이라고 해요.
　부석사는 고려 시대 건축 기법의 아름다움을 잘 보여 주는 대표적인 유적으로 2018년에 유네스코 세계 문화유산으로 지정되었어요.

무량수전은 부석사의 본전으로 우리나라의 오래된 목조 건축물 중 하나예요. 규모는 정면 5칸, 측면 3칸으로 지붕은 '팔(八)'자 모양의 팔작지붕으로 되어 있어요. 기둥은 위와 아래보다 가운데가 더 불룩한 모양인 '배흘림기둥'이에

▲ 부석사 무량수전

요. 배흘림기둥은 건축물이 안정감 있고 당당하게 보이게 해요.

부석사 무량수전의 뒤쪽에는 부석사 조사당이 있어요. 조사당은 부석사를 창건한 의상대사의 초상을 모신 곳이에요. 조사당 안쪽 벽면에는 우리나라에서 가장 오래된 벽화가 있는데, 지금은 부석사 성보박물관에서 보관하고 있어요.

조사당 앞에는 '선비화'라고 불리는 나무가 있는데, 이 나무에 얽힌 이야기도 있어요. 의상대사가 도를 깨우치고 천축국으로 떠날 때 조사당 처마 밑에 지팡이를 꽂으며 뿌리가 내리고 잎이 날 것이라는 말을 남겼다고 해요. 그 후에 지팡이는 자라서 정말로 꽃이 피는 나무가 되었는데, 이 나무의 이름은 '골담초'래요.

▲ 부석사 조사당

▲ 부석사 성보박물관에 있는 조사당 벽화

6
경주 대릉원
미로를 찾아라

빛이 사라지자 아리와 송송이는 또다시 젤리 가게로 뛰어들어갔어.

"아저씨!"

젤리 상자를 닦고 있던 아저씨는 환히 웃으며 아리와 송송이에게 다가왔지.

"이번에도 잘 해결하고 왔군요."

"네. 그러니까 얼른 다음 이야기해 주세요. 스승님은 뭘 걱정하셨던 거예요?"

아리가 눈빛을 반짝이며 물었어.

107

"내 친구는 영리하고 똑똑했지만 호기심도 많고 장난기도 많은 아이였어요. 그래서 역사 속으로 떠날 때마다 뭔가 한 가지씩 장난을 치곤 했지요."

아저씨는 뭔가를 생각하는 듯 아련한 눈빛으로 말했어.

"우아, 우리한테 미션을 주는 악당 녀석이 하는 짓이랑 똑같은데요? 대체 아저씨 친구는 왜 그런 일을 벌인 거예요?"

아저씨의 이야기에 깜짝 놀라 아리가 물었어.

"그 친구는 그저 호기심으로 그런 장난을 벌인 것이었어요."

아저씨는 한숨을 내쉬며 인상을 찌푸렸어. 그때였어.

"아리야, 얼른 젤리 먹자. 후우, 이번에는 꼭 악당을 만났으면 좋겠는데…."

이번에는 송송이가 왕관 모양의 젤리를 내밀었어.

"이번에도 잘 해결하고 오길 바랄게요. 돌아오면 또 다음 이야기를 해 드리죠."

아저씨는 다시 젤리 상자를 닦기 시작했어.

아리와 송송이는 젤리를 먹으며 가게 밖으로 나왔고, 곧 환한 빛이 둘을 감쌌어.

빛이 사라지자 아리와 송송이의 주변으로 둥글둥글하고 낮은 산들이 보였어.

한참 동안 주변을 살피던 송송이가 자신 있게 말했지.

"여기는 경주인 것 같아. 큰 왕릉이 많은 곳…."

"아! 맞다. 나도 왠지 익숙했어."

아리도 고개를 끄덕였어.

"얼른 악당이 나쁜 짓을 할 만한 곳을 찾아보자."

송송이가 앞장서 걸어가며 말했어.

"어휴, 아무 일도 없었으면 좋겠는데, 그럴 리가 없겠지?"

아리는 한숨을 쉬며 송송이를 뒤따랐지.

얼마나 걸었을까? 송송이가 멀리 보이는 공사장을 손으로 가리키며 말했어.

"아리야, 왠지 저기서 무슨 일이 벌어질 것 같지 않아?"

"아, 정말 뭔가 불길한 느낌이야."

아리와 송송이는 그곳으로 빠르게 걸음을 옮겼어.

 공사장처럼 보였던 그곳은 무덤을 만드는 곳이었어. 일꾼들은 제각기 나무판으로 뭔가를 만들거나 돌을 옮기느라 바빴어.

 아리와 송송이는 그런 일꾼들의 모습을 유심히 바라보고 있었지. 그런데 얼마 지나지 않아 한 일꾼의 당황한 목소리가 들려왔어.

 "아니, 여기 있던 보물함이 어디로 간 거지?"

 일꾼은 주변을 두리번거리며 안절부절못하고 있었지.

"아, 드디어 시작이군."

송송이가 혼잣말로 중얼거렸어.

공사장은 순식간에 사라진 보물함 때문에 어수선해졌어. 일꾼들이 사방으로 흩어져 보물함을 찾아보았지만 소용이 없었지.

"어서 하얀 새가 와야 할 텐데…"

아리는 먼 하늘만 바라보았어. 그때였어. 하얀 새가 날아와 가방 두 개와 쪽지를 떨어뜨렸지.

또다시 나타나다니, 너희도 참 끈질기구나!
이렇게 된 이상 난 너희에게 또 미션을 줄 수밖에 없지.
만약 보물함을 찾고 싶다면 지금 당장 미추왕릉으로
오도록 해. 물론 미추왕릉까지 오는 길이 쉽지는 않을 거야.
그럼 난 미추왕릉에서 기다릴게.

쪽지를 다 읽은 후 송송이는 가까이에 있는 일꾼에게 다가가 물었어.

"아저씨, 혹시 미추왕릉이 어디예요?"

"미추왕릉은 저기 큰 나무가 있는 곳에서 뒤쪽으로 쭉 가면 된단다."

아리와 송송이는 아저씨가 알려 준 대로 큰 나무가 있는 쪽으로 걸어갔어.

"쳇, 어려운 길도 아닌데 뭘 그렇게 겁을 주나?"

"맞아. 그냥 걸어가기만 하면 되는걸."

아리와 송송이는 툴툴대며 걷다가 큰 나무가 있는 곳에 도착했어. 그런데 이게 대체 무슨 일이지?

"아, 이건 또 뭐야?"

미션 11

미로 탈출! 도전?

송송이가 자리에 주저앉으며 두 손으로 머리를 감쌌어.

"아니야, 우린 갈 수 있을 거야."

아리는 애써 송송이를 토닥이며 위로했지만 걸음을 떼기도 전에 한숨만 나오는 건 어쩔 수 없었어.

"우리 힌트부터 보자. 분명 무슨 힌트가 있을 거야."

송송이의 말에 아리가 가방을 열어 보았어. 복주머니 안에는 꼬깃꼬깃 접힌 종이가 한 장 들어 있었지.

"와! 나 미로 찾기 엄청 좋아해. 내가 길을 다 찾아내고 말 거야!"

아리는 야무지게 입술을 앙다물고 연필을 꺼냈어. 그리고 차근차근 미로에 길을 표시하기 시작했지. 갈림길에서는 헷갈리기도 하고, 막다른 길에 들어서서 당황하기도 했지만 아리는 포기하지 않고 천천히 표시를 했어.

"와, 다했다."

아리가 미로 지도를 송송이에게 내밀었어. 시간이 좀 오래 걸리긴 했지만 미추왕릉까지 가는 길을 완벽하게 찾아낸 지도였지.

"가자!"

송송이와 아리는 자신만만하게 미로로 들어섰어. 그런데 이게 웬일이야? 지도에 있는 표시를 따라서 가는데도 미로를 걸어서 길을 찾는 건 결코 쉬운 일이 아니었어.

"우리 지금 어디쯤 있는 거야?"

"미로에 들어오니까 방향이 너무 헷갈려."

아리와 송송이는 몇 번이나 자리에 멈춰 서거나 오던 길을 되돌아가야 했어.

"후아, 다 왔다."

정말 어렵게 미추왕릉에 도착한 아리와 송송이는 흙바닥에 털썩 주저앉았어. 그런데 앉자마자 아리가 외마디 비명을 질렀어.

"악! 이게 뭐야?"

아리의 엉덩이 아래에 묵직한 주머니 하나가 놓여 있었어. 자리에서 벌떡 일어난 아리는 엉덩이를 쓰다듬으며 주머니를 열어보려고 했지. 그때 멀리서 하얀 새가 날아와 쪽지를 떨어뜨렸어.

쳇, 겨우 미로 찾기 하나 한 걸 가지고 헉헉대는 꼴이라니….
난 너희들이 찾아오길 기다리다가 너무 오래 걸리고 지루해서 신경질이 머리끝까지 치솟았다는 것만 알아 둬.
이번 미션은 그 주머니 안에 있는 돌멩이들을 가지고 해결해야 하는 거야.
보물함 속 금관에 매달려 있던 돌멩이들인데, 무겁기도 하고, 절그럭거리는 소리도 나서 내가 다 떼 버렸지. **음하하하!**
자, 그럼 미션이다!

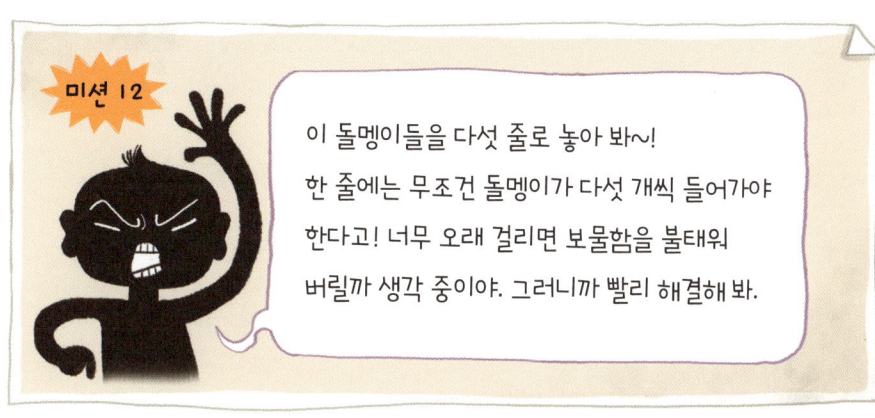

"돌멩이?"

아리는 고개를 갸웃거리며 주머니를 열어 거꾸로 들었어. 그랬더니 거기에서 금관에 달려 있던 곡옥(구부러진 모양의 옥)들이 주르르 떨어지는 거야.

"헉! 이건 금관에 달린 보석 아니야? 엄청 귀한 거잖아."

아리의 눈이 휘둥그레졌어.

"어휴, 이걸 돌멩이라고 한 거야? 악당 녀석도 너무하네."

송송이는 곡옥을 쓸어 모았어. 곡옥은 모두 스무 개였어.

"모두 스무 개인데 다섯 개씩 다섯 줄로 놓으라고?"

송송이와 아리는 곡옥을 여러 가지 방법으로 늘어놓았지.

"어휴, 스무 개로 어떻게 다섯 개씩 다섯 줄을 만들어."

"아, 정말 이걸 어떻게 하지?"

할 수 있는 방법을 모두 생각해 봤지만 도저히 해결되지 않았어. 답답해하던 아리가 가방 속 복주머니에서 힌트 쪽지를 꺼내 보았어.

미션 12 힌트

1. 축구공은 육각형과 □□□의 조각으로 이루어져 있다.
2. 줄이 서로 겹쳐도 상관없다.

"축구공은 육각형이랑 오각형이잖아."

쪽지를 뚫어져라 읽던 송송이가 말했어.

"오각형?"

아리와 송송이는 한참을 생각했어. 그렇지만 아무리 생각해 보아도 좋은 방법이 떠오르지 않았어.

"에잇, 이럴 땐 일단 해 봐야 돼."

송송이는 곡옥으로 아무렇게나 오각형 모양을 만들어 보았어. 그런 송송이를 바라보던 아리가 갑자기 뭔가 떠오른 듯 외쳤어.

"송송아, 곡옥이 스무 개인데 다섯 줄이 되려면 한 줄에 네 개가 들어간다는 거잖아."

"그렇지."

송송이는 고개를 끄덕였어.

"그런데 모양이 오각형이고 줄이 겹쳐도 상관없다고 했으니까 이런 모양이 되는 거 아닐까?"

"오! 아리야, 너 천재인가 봐!"

송송이는 아리가 놓은 곡옥을 바라보며 손뼉을 쳤어. 그때 멀리에서 하얀 새가 날아와 쪽지를 떨어뜨렸어.

아, 분하다!
보물함을 불태우려고 장작까지 다 모아 뒀는데….
보물함은 미추왕릉에서 가까운 대나무 숲에
놔두었으니 가서 찾아봐.
다음에는 더 어려운 미션을 낼 테니까 긴장하는 게
좋을 거야.
뭐, 무서우면 도망이라도 치든지! **음하하하!**

"쳇, 무섭긴 누가 무서워? 하나도 안 무섭다."

송송이는 어깨를 쫙 펴고 앞장서서 걸었어.

미추왕릉 옆 대나무 숲에는 악당의 말처럼 정말 보물함이 놓여 있었어.

아리와 송송이는 보물함의 양 귀퉁이를 잡고 번쩍 들었어.

"어, 이거 정말 무겁다. 설마 이걸 들고 미로로 되돌아가야 하는 건 아니겠지?"

송송이가 인상을 찌푸리며 말하자 아리도 걱정스러운 표정을 지었지. 그렇지만 다행히 미로는 온데간데없이 사라져 있었어.

"후, 다행이다. 얼른 가자."

아리와 송송이는 낑낑거리며 공사장이 있는 곳까지 걸어갔어.

"아저씨, 저희가 보물함을 찾았어요."

아리와 송송이가 보물함과 곡옥이 든 주머니를 내려놓자 일꾼들이 우르르 달려왔어.

"그런데 곡옥은 왜 여기에 들어 있느냐?"

일꾼 한 명이 주머니를 열어 보며 물었어.

아리와 송송이는 지금까지 있었던 일을 최대한 열심히 설명했지만 일꾼 아저씨는 무슨 말인지 모르겠다는 듯 고개만 갸웃거렸어.

"뭐, 어쨌든 찾았으니까 된 거지. 곡옥이야 다시 달면 되는 거고…. 정말 고맙다. 이렇게 찾아서 정말 다행이다!"

"그래. 천마가 그려진 말다래도, 금관도, 또 다른 귀금속들도 모두 귀한 것들인데 잃어버렸으면 큰일이 날 뻔했어. 정말 고맙다."

 일꾼 아저씨들은 몇 번이고 아리와 송송이에게 고맙다는 인사를 건넸어.

 "이렇게 또 하나를 해결했군. 하하하."

 송송이는 뿌듯해하며 웃었어.

 "난 빨리 돌아가서 아저씨한테 다음 이야기를 듣고 싶어. 빛은 언제 나타나지?"

 아리의 말이 끝나기 무섭게 환한 빛이 쏟아졌어. 그리고 아리와 송송이의 몸을 감쌌지.

경주 대릉원

    대릉원은 신라시대 왕의 무덤이 모여 있는 곳으로 황남대총, 천마총, 미추왕릉 등이 모두 이곳에 있어요.

    대릉원의 무덤들이 오랜 역사 속에서도 잘 보존되었던 이유는 바로 '돌무지덧널무덤'이라는 구조 때문이에요. 돌무지덧널무덤은 그 규모도 크지만 무덤 안쪽에 2~3중의 보호 장치가 되어 있어서 무덤의 모습과 무덤 안의 유물을 잘 보존할 수 있었어요.

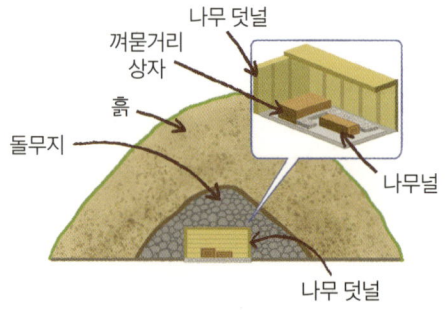

▲ 돌무지덧널무덤 구조

대릉원에서는 신라시대를 대표하는 유물이 많이 발굴되었어요.

우리가 잘 알고 있는 신라의 금관도 황남대총과 천마총 등 대릉원의 무덤에서 나왔고, 유리로 만들어진 잔과 그릇도 발견되었어요. 하지만 이런 유리 제품은 신라가 아닌 당시 유럽의 지중해 주변, 서아시아 지역에서 만든 것들과 비슷했어요. 이로 인해 당시 신라는 비단길과 바닷길을 통해 해외 여러 나라들과 활발하게 교류했다는 것을 알 수 있어요.

대릉원에서 발굴된 다양한 유물은 국립 경주 박물관에서 볼 수 있답니다.

▲ 금관   ▲ 유리잔   ▲ 금제 허리띠

천마총

대릉원에 있는 무덤 중에서는 천마총만 안으로 들어가 관람을 할 수 있어요. 천마총은 천마도가 나왔다고 해서 천마총이라는 이름이 붙여졌어요. 천마도는 자작나무로 만들어진 말다래(말을 탄 사람의 발에 흙이 튀지 않도록 안장 밑에 늘어뜨린 판)에 그려진 그림이에요.

7
울주 대곡리 반구대 암각화
바위에 새겨진 그림을 지켜라

빛이 사라지자 아리는 쏜살같이 젤리 가게의 문을 열었어. 아저씨는 그럴 줄 알았다는 듯 환히 웃으며 맞아 주었지.

"어서 오세요. 기다리고 있었답니다."

송송이가 젤리를 고르는 동안 아리는 아저씨와 마주 앉아 이야기를 나누었어.

"아저씨, 그 친구는 어떻게 되었나요?"

"그 친구는 말이죠…."

아저씨는 아련한 눈빛으로 이야기를 시작했어.

여기까지 이야기하고 아저씨는 길게 한숨을 쉬었어.

"그때 끝까지 못 가게 해야 했는데…."

"헉, 그 친구는 어디로 간 거예요?"

아리가 눈을 동그랗게 뜨고 물어볼 때였어. 송송이가 고래 모양의 젤리 하나를 아리에게 내밀었어.

"아리야, 얼른 먹고 악당 잡으러 가자."

송송이는 이미 젤리를 맛있게 먹고 있었지.

"아이참, 난 아저씨한테 이야기 더 듣고 싶은데…."

아리는 아쉬운 표정으로 젤리를 입에 넣었어.

"하하하, 다녀와서 또 이야기해 드리죠. 잘 다녀오세요."

아저씨는 가게를 나서는 아리와 송송이를 향해 손을 흔들었어.

아리와 송송이가 가게를 나오자 환한 빛이 둘을 감쌌어.

빛이 사라진 후 아리와 송송이는 웬 강가에 서 있었어.

"여기가 어디지?"

아리와 송송이는 사방을 두리번거렸어. 그렇지만 나무가 울창한 산과 강, 그리고 바위만으로 이곳이 어디인지 알 수는 없었어.

"아리야, 저기 사람들이 있어."

송송이가 강 건너편을 가리켰어. 그곳에는 바위가 있었는데, 배를 탄 사람들이 바위 앞에 서서 뭔가를 하고 있었지.

"저기서 뭘 하는 거지?"

아리와 송송이는 목을 쭉 빼고 쳐다보았지만 뭘 하는지 자세히 보이지 않았어. 그런데 잠시 후 배가 강을 건너오기 시작했어. 곧이어 배가 도착하고 사람들이 내렸어. 저마다 손에는 돌조각이나 막대기 같은 걸 들고 있었지.

"가 보자."

아리와 송송이는 사람들에게 다가가서 물었어.

"저기, 지금 저 바위에 뭘 하신 거예요?"

"하하하, 그림을 새겼지."

한 아저씨가 크게 웃으며 대답했어.

"그림이라고요? 어떤 그림이에요?"

"오늘은 고래 그림을 새겼다네. 어제 바다에서 아주 큰 고래를 잡았거든."

"우아! 정말 멋져요. 고래를 잡다니!"

아리가 손뼉을 치며 호들갑을 떨자 아저씨는 또 한 번 호탕하게 웃었어.

"하하하, 고래가 어찌나 큰지 바위에 새기는 것도 힘들었어."

"그럼 아저씨들은 뭘 잡으면 그림을 새기는 거예요?"

송송이가 물었어.

"뭘 잡았을 때도 새기고, 그냥 우리가 사는 모습도 새기고, 그런다네."

이야기를 마친 아저씨는 그림을 새기는 데 썼던 것 같은 도구들을 챙겨 다른 사람들과 함께 떠났어.

그때 멀리서 하얀 새가 날아와 쪽지와 가방을 떨어뜨렸어.

"으응? 뭔가 사라진 것도 아니고 아무 일도 없었는데 새가 왔다고?"

아리와 송송이는 고개를 갸웃거리며 쪽지를 펼쳐 보았어.

또 만났군. 너희도 알겠지만 이곳 사람들은 공들여 바위에 그림을 새기고 있어. 그런데 이 그림을 보니 장난치고 싶더라고. 내가 친 장난이 뭔지 궁금하면 배를 타고 바위 앞으로 와 보라고~! 아! 배를 타는 게 쉽지는 않을 거야. 너희가 아저씨랑 떠드는 동안 배를 묶은 줄에 자물쇠를 채워 두었거든. 자물쇠를 열 수 있는 열쇠를 얻기 위해서는 다음 미션을 해결해야 해! **음하하하!**

 여기에는 동물 이름이 숨어 있어. 모두 바위에 그려진 동물들이지. 동물 이름을 전부 다 찾지 못하면 열쇠는 없는 거 알지?

멧	루	카	동	노	너	이
토	돼	표	강	구	루	랑
고	범	지	리	이	지	호
라	수	사	물	고	가	스
기	슴	담	포	문	래	아

"아, 이 악당 녀석, 여기에 왔다가 갔다는 거야? 아우! 잡을 수 있었는데!"

송송이는 쪽지를 내동댕이치며 화를 냈어.

아리는 송송이가 던진 쪽지를 슬그머니 주워 읽으며 차분하게 말했지.

"지금 화를 낼 때가 아니야. 얼른 미션부터 해결하자."

아리는 가방에서 주섬주섬 연필을 꺼내며 중얼거렸어.

"아, 정말 짜증 나. 글자는 또 왜 이렇게 많아?"

송송이는 인상을 잔뜩 찌푸리며 미션 쪽지를 뚫어져라 바라보았지.

"하나는 찾았어. '멧'자가 들어가면 분명 멧돼지거든."

아리가 '멧돼지'라는 글자에 동그라미를 치며 말했어.

"하아, 대체 또 뭐가 있지? 고라기는 아닐 테고, 물고가…? 이건 또 뭐야? 헷갈리게…."

송송이는 짜증이 잔뜩 섞인 말투로 툴툴거렸어.

"안 되겠다. 빨리 찾으려면 역시 힌트를 봐야 해."

아리는 가방에서 복주머니를 꺼냈어. 복주머니에는 쪽지가 하나 들어 있었지.

"화살표의 방향으로 줄을 그었을 때 연결되는 칸이라고?"

"일단 '멧돼지'는 아래쪽 사선 방향으로 줄을 그었을 때 나오는 글자이긴 해."

아리가 표에 있는 '멧돼지' 글자에 줄을 그으며 말했어.

"그럼 뭔가 동물 이름 비슷한 글자에 다 그어 봐."

송송이가 다급하게 아리를 재촉했지.

아리는 고개를 끄덕이고 연필을 다시 들었어.

"노루! 노루도 있다!"

"그 옆에 아래쪽 사선으로 너구리 아니야?"

멧	루	카	동	노	너	이
토	돼	표	강	구	루	랑
고	범	지	리	이	지	호
라	수	사	물	고	가	스
기	슴	담	포	문	래	아

아리와 송송이는 머리를 맞대고 글자들을 맞추어 갔어.

"멧돼지, 너구리, 노루, 표범, 사슴, 고래!"

아리와 송송이는 줄이 잔뜩 그어진 표를 보며 하나씩 천천히 읽었어. 그리고 하얀 새를 기다리며 하늘만 바라보고 있었지.

"뭐야? 왜 아무 일이 없어?"

아리의 말처럼 하얀 새는 나타나지도 않았고, 강물 흐르는 소리만 들릴 뿐 사방은 여전히 조용하기만 했어.

"뭐야? 우리가 뭘 틀린 거야?"

송송이는 다시 표를 펼치고는 연필을 들었어.

"생각해 봤는데, 여기에 아래에서 위로 향하는 화살표도 있었잖아."

아리가 힌트 쪽지를 송송이에게 내밀었어.

"그럼 이제부터 아래에서 위로 읽었을 때 동물 이름이 되는 걸 찾으면 되는 거야?"

송송이와 아리는 다시 머리를 맞대고 표를 보았지.

"호랑이다! 호랑이!"

송송이와 아리는 동시에 외쳤어. 그리고 그때 멀리에서 하얀 새가 날아왔어.

"아, 드디어 다 맞혔나 봐."

하얀 새는 아리와 송송이의 앞에 열쇠 하나를 떨어뜨렸고, 아리와 송송이는 얼른 배를 묶어둔 줄에 걸려 있는 자물쇠를 열었지. 그리고 아리와 송송이는 배에 올라타 노를 젓기 시작했어.

"우아, 신난다! 나 이렇게 배 타고 노 젓는 거 정말 해 보고 싶었어."

"경치도 예쁜데 배까지 타니까 정말 여행 온 것 같아."

아리와 송송이는 악당도, 미션도 잠깐은 잊은 듯 즐겁기만 했어. 그렇지만 그 즐거움은 그리 오래 가지 못했어. 노를 젓는 일은 생각했던 것보다 훨씬 힘들었거든.

"하아, 이거 너무 힘들다."

"나도 팔이 떨어질 것 같아."

강의 가운데쯤 갔을 때, 아리와 송송이는 가쁜 숨을 몰아쉬었어.

"그렇지만 지금은 다시 돌아갈 수도 없어. 그러니까 어찌 됐든 열심히 저어야 해."

송송이의 말에 아리는 한숨을 푹 쉬며 고개를 끄덕였어.

"맞아. 돌아가든 건너가든 어차피 똑같이 힘들 거야."

아리와 송송이는 낑낑대면서도 열심히 노를 저었어. 그렇게 젓다 보니 어느새 강 반대편 바위 앞에 도착했지.

"아, 드디어 왔다!"

아리와 송송이는 노에서 손을 놓고 가쁜 숨을 몰아쉬었어. 그때 하얀 새가 날아와 쪽지를 떨어뜨렸지.

"어휴, 빨리도 오네. 좀 쉬고 싶은데…."

송송이는 벌렁 드러누우며 짜증스럽게 외쳤어.

"그래도 얼른 해결해야 다시 돌아갈 수 있고, 돌아가야 아저씨 이야기도 들을 수…, 어?"

쪽지를 펼치며 중얼중얼 이야기하던 아리가 뭔가에 놀란 듯 말을 뚝 끊었어.

"뭐야? 왜 그래?"

송송이는 주섬주섬 몸을 일으키며 아리에게 물었지.

아리는 잔뜩 겁에 질린 표정으로 조용히 쪽지를 내밀었어.

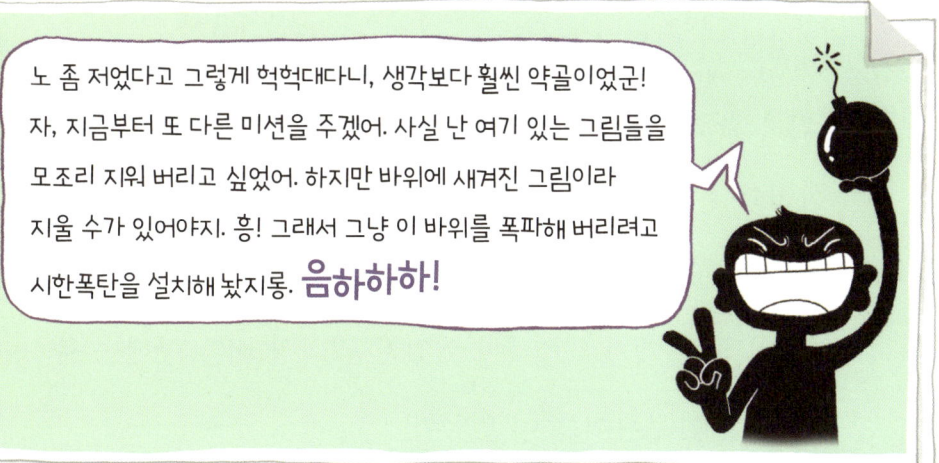

노 좀 저었다고 그렇게 헉헉대다니, 생각보다 훨씬 약골이었군! 자, 지금부터 또 다른 미션을 주겠어. 사실 난 여기 있는 그림들을 모조리 지워 버리고 싶었어. 하지만 바위에 새겨진 그림이라 지울 수가 있어야지. 흥! 그래서 그냥 이 바위를 폭파해 버리려고 시한폭탄을 설치해 놨지롱. **음하하하!**

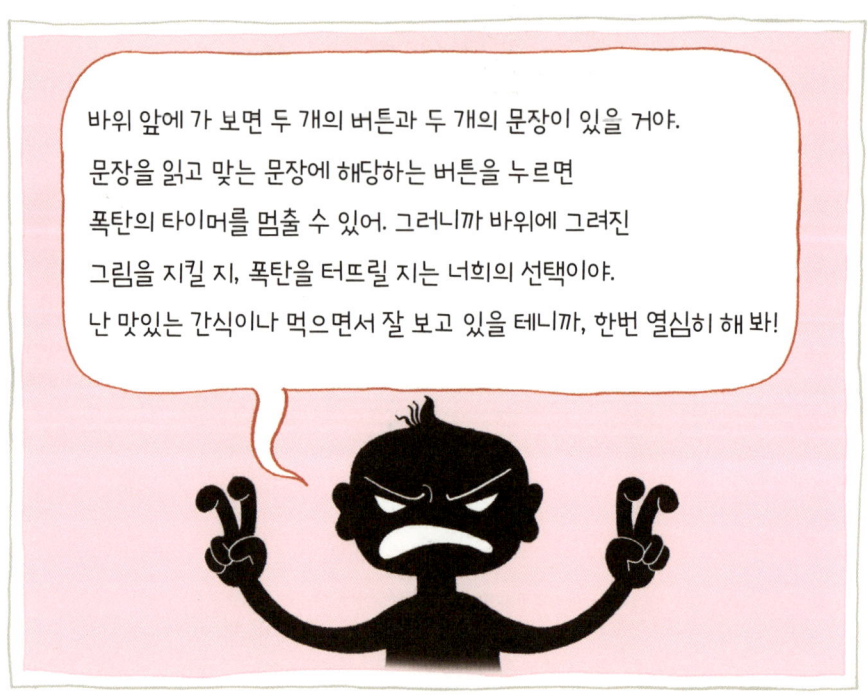

"와, 이 녀석, 갈수록 태산이네!"

쪽지를 다 읽은 송송이가 잔뜩 화가 나서 외쳤어.

"얼른 가 보자."

아리와 송송이는 천천히 노를 저어 바위 앞으로 가 보았어. 거기엔 악당이 말한 대로 시한폭탄이 붙어 있었고, 폭탄에는 버튼 두 개가 연결되어 있었지. 각각의 버튼 앞에는 문장이 적힌 나무판이 붙어 있었어.

 ## 미션 14   고래와 관련된 문장 중 맞는 문장은?

"아, 뭐지? 고래는 바다에 사니까 물속에서 숨을 쉴 수 있지 않을까?"

"고래는 배꼽이 있을까? 고래 배꼽은 본 적이 없는데…"

아리와 송송이는 초조한 표정으로 이야기를 나누었어.

"잠깐, 이건 지금 아주 중요한 문제야. 우리 힌트부터 보자."

송송이가 가방에서 복주머니를 꺼냈어. 복주머니에서는 쪽지가 하나 나왔지.

- 고래는 개, 고양이처럼 새끼를 낳고 젖을 주는 포유동물이다.
- 고래는 사람처럼 허파로 숨을 쉰다.

미션 14 힌트

"자, 생각을 해 보자."

송송이가 손가락을 머리에 갖다 대며 말했어.

"고래는 개나 고양이처럼 포유동물이라고 했어. 그런데 우리 집에 있는 강아지는 배꼽이 있어."

"우리 집 고양이도 배꼽 있어. 털 때문에 잘 안 보이지만…."

"그럼 고래도 개나 고양이처럼 배꼽이 있지 않을까?"

송송이가 눈을 동그랗게 뜨며 말했어.

"그렇지만 난 고래 배꼽을 한 번도 본 적이 없어. 고래에 배꼽이 있다는 말도 못 들어 봤어."

아리는 고개를 절레절레 저으며 말했어.

"좋아. 그럼 두 번째 힌트는 고래는 사람처럼 허파로 숨을 쉰다고 했어. 그런데 사람은 물속에서 숨을 못 쉬잖아."

송송이의 말에 아리가 고개를 끄덕였어.

"그럼 고래도 물속에서 숨을 못 쉬는 게 맞지 않아?"

"고래는 바다에 사는데 물속에서 숨을 못 쉬는 게 말이 돼?"

아리는 인상을 찡그리며 말했어.

"아, 진짜 모르겠다. 어떡하지?"

송송이는 두 손으로 머리를 쥐고 고개를 숙였어. 아리도 울상을 짓고 있었지. 그런데 그때 아리와 송송이의 귀에 들려오는 소리가 있었어.

"똑. 딱. 똑. 딱…"

"지금 이러고 있을 때가 아니야. 우리가 떠드는 동안에 시간은 계속 흐르고 있다고!"

송송이는 뭔가 결심한 듯 힌트 쪽지를 흔들며 말했어.

"아리야, 우리한테는 지금 이것밖에 없어. 그러니까 우리 이 쪽지를 믿어 보자."

아리는 힘없이 고개를 끄덕였어.

송송이와 아리는 버튼 앞의 문장을 다시 읽어 보았어.

"'고래는 물속에서 숨을 쉴 수 있다' 이건 틀린 문장이야. 그리고 '고래는 배꼽이 있다' 이건 맞는 문장이니까 그럼 우리는 '고래는 배꼽이 있다'에 있는 버튼을 눌러야 해."

아리와 송송이는 손을 모은 뒤 눈을 질끈 감고 버튼을 눌렀어. 잠시 후 아리와 송송이는 조용히 눈을 떴어. 그리고 시한폭탄의 타이머를 쳐다보았지.

"멈췄어!"

"우와! 진짜 멈췄어!"

아리와 송송이는 서로를 부둥켜안고 소리를 질렀어. 배가 계속 기우뚱거리며 흔들렸지만 물에 빠져도 웃을 수 있을 것처럼 기분이 좋았어.

　겨우 진정이 된 아리와 송송이는 바위에 새겨진 그림을 바라보았어.

　"정말 고래도 있고, 호랑이, 사자, 너구리도 있네."

　"사람도 있고, 그물처럼 보이는 것도 있어."

　"그런데 정말 대단한 것 같아. 도구도 별로 없이 이렇게 새기려면 엄청 힘들 것 같은데…."

　더없이 조용하고 잔잔한 강물 위에서 도란도란 이야기를 나누고 있을 때 환한 빛이 쏟아지더니 아리와 송송이를 감쌌어.

울주 대곡리 반구대 암각화

▲ 대곡리 반구대 암각화

  우리나라에서 1971년에 발견된 대곡리 반구대 암각화는 선사 시대의 모습을 잘 알 수 있는 암각화예요.

  바위에 새겨진 그림으로는 호랑이, 사슴, 고래와 같은 여러 동물과 동물들을 사냥하는 사람들의 모습이 담겨 있어요. 그중에서도 고래 사냥하는 그림은 지금으로부터 약 7000년 전 신석기 시대에 그려진 것으로 지구상에 남아 있는 가장 오래된 고래 그림으로 평가되고 있어요.

  대곡리 반구대 암각화는 아무 때나 볼 수 없어요. 겨울이나 가뭄으로 댐의 물이 빠졌을 때는 암각화를 볼 수 있지만 물에 잠겨 있을 때는 자세히 볼 수 없어요.

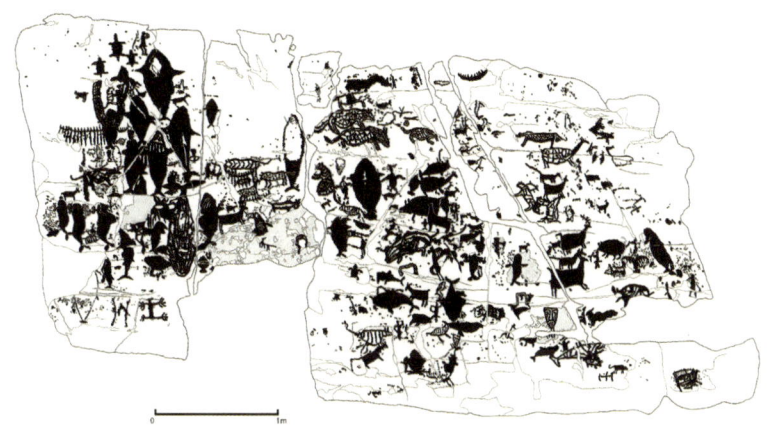

▲ 대곡리 반구대 암각화 도면

대곡리 반구대 암각화 인근에는 천전리 암각화도 있어요.

두 곳의 암각화가 비슷해 보이지만 천전리 암각화에서는 원형, 마름모꼴, 꽈배기 모양 등 기하학적 문양과 새겨진 문자도 볼 수 있어요.

▲ 천전리 암각화

울산 암각화 박물관

울산 암각화 박물관에서는 대곡리 반구대 암각화와 천전리 암각화에 대해 소개하고 있어요. 또 암각화 실물 모형과 암각화 관련 영상, 선사 시대부터 신라 시대까지의 다양한 유물 등을 관람할 수 있어요.

147

8
합천 해인사 대장경판
비밀 문자를 입력해

빛이 사라지자 아리는 다른 때와 마찬가지로 젤리 가게로 뛰어 들어갔어. 아저씨는 밀걸레로 청소를 하다가 아리와 송송이를 반겨주었지.

"어서 와요. 이번에도 역시 잘 해결하고 돌아왔군요."

아리는 늘 그랬듯 아저씨에게 다가갔어.

"아저씨, 다음 이야기도 해 주셔야죠!"

"하하하, 그럼요."

아저씨는 밀걸레를 벽에 기대어 두고 이야기를 시작했어.

"그 친구는 몰래 떠나면서 스승님 방의 간식을 가져가 버렸어요. 딱 한 개만 남겨 놓고…."

"헉! 가져가면 안 되는 거잖아요."

아저씨는 고개를 끄덕였어.

"그래서 스승님의 걱정도 점점 커져 갔어요. 그 친구가 그 간식으로 무슨 일을 벌일지 모르니까요."

"혹시 정말로 큰일이 벌어졌나요?"

아리의 걱정스러운 물음에 아저씨는 천천히 고개를 끄덕였지.

"모든 게 그 친구의 짓이었지요."

"아아…"

아리는 안타까운 마음에 한숨을 내쉬었어. 그때 송송이가 책 모양의 젤리를 건네면서 말했어.

"아리야, 얼른 먹어. 나도 악당 녀석 생각만 하면 한숨이 절로 나와."

송송이도 깊은 한숨을 내쉬었어.

아리와 송송이는 젤리를 먹으면서 젤리 가게에서 나왔어. 그리고 잠시 후 환한 빛이 아리와 송송이를 감쌌지.

빛이 사라지고 나니 아리와 송송이는 절의 한가운데 서 있었어.

"이번에도 절이군."

아리와 송송이는 천천히 걸으며 절을 돌아보았어. 울창한 산속에 자리 잡고 있는 건 다른 절들과 비슷했지만 이 절은 유난히 규모도 크고 웅장해 보였어.

법당도 한 번씩 둘러보고, 탑도 구경하고, 마치 여행이라도 온 것처럼 유유히 돌아다니고 있을 때였어.

"이보게, 큰일이 났네. 장경판전의 문이 열리지 않아."

서너 명의 스님이 웅성거리며 어딘가로 바삐 걸음을 옮겼어.

"드디어 시작이구나."

아리와 송송이는 눈빛을 한 번 주고받은 후 스님들의 뒤를 따랐지.

스님들은 절의 가장 뒤쪽에 있는 기다란 건물 앞에서 걸음을 멈췄어.

"아니, 이게 무엇인가?"

"어제까지만 해도 본 적 없었던 괴이한 물건이 붙어 있습니다. 이 물건 때문인지 아무리 열어 보려 해도 문이 꿈쩍도 하지 않습니다."

스님들은 문 앞에 모여 서서 걱정스러운 표정으로 이야기를 나누었어.

아리와 송송이는 스님들의 뒤에 선 채 목을 쭉 빼고 문을 보았어.

"하아, 스님들이 놀라실 만도 하네."

아리가 송송이에게 귓속말을 건넸어. 송송이도 고개를 끄덕였지.

아리와 송송이가 본 건 문에 붙어 있는 문자 입력 기계였어.

"하하하, 진짜 어이가 없어서 웃음만 나온다."

송송이는 헛웃음을 쳤어. 아리도 고개를 절레절레 저었지. 그때 하얀 새가 날아와 가방 두 개와 쪽지를 떨어뜨렸어.

오! 반가워! 기다리고 있었다고~!
본론부터 이야기하도록 하지.
그 장경판전의 문을 열려면
키보드로 비밀 문자를 입력해야 돼.
그럼 잘 해결해 봐! 음하하하!

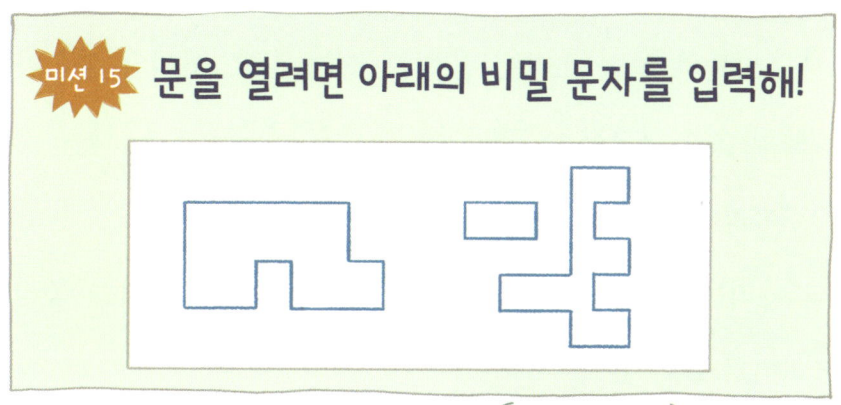

"이게 문자라고?"

송송이는 미션 쪽지를 거꾸로도 들어 보고, 옆으로도 들어 보면서 오두방정을 떨었어.

"어허, 정말 큰일이네. 내일이면 대장경을 인쇄해야 하는데, 문을 열지 못하면 어떻게 하나…."

"문을 부수지 않으면 열 수가 없습니다."

"그렇다고 문을 부술 수는 없지. 하아, 이 노릇을 어찌할꼬…."

스님들의 한숨 소리는 점점 더 커져 갔고, 아리와 송송이의 마음도 덩달아 다급해졌어.

"아리야, 가방에 힌트 있을 거야. 그거 열어 보자."

아리는 가방에서 복주머니를 꺼냈어. 복주머니에는 쪽지 하나가 들어 있었지.

"이게 다야?"

아리는 복주머니를 거꾸로 들어서 탈탈 털어 보았지만 다른 건 나오지 않았어.

"이렇게 봐도 뭔지 잘 모르겠는데?"

송송이는 인상을 잔뜩 찌푸리며 말했어. 그때 아리가 가방에서 연필을 꺼냈어.

"점선이라면 둘 중 하나야. 접거나 아니면 그 위로 선을 그어 보거나…."

송송이도 고개를 끄덕였지.

"일리 있는 말이야."

아리는 연필로 천천히 점선 위를 따라 그었어.

"이리 좀 줘 봐."

아리가 선 긋기를 마치자 지켜보고 있던 송송이가 미션 쪽지를 가져갔어. 그러더니 죽죽죽 색칠하기 시작했지.

잠시 후 송송이가 아리의 눈앞에 미션 쪽지를 쭉 펼쳐 보여 주며 외쳤어.

"이거야!"

"맞다. '고려'야, 고려!"

아리와 송송이는 스님들에게 다가가 자신 있게 말했지.

"스님들, 저희가 그 문을 열 수 있을 것 같아요."

"너희가? 무슨 수로…?"

스님들은 의심스러운 눈으로 아리와 송송이를 쳐다보았어.

아리와 송송이는 앞으로 척척 걸어 나가서 키보드로 '고려'를 입력했지. 그런 후 두 손으로 문고리를 잡아당겼어.

"끼이익!"

"열렸다!"

"문이 열렸다!"

스님들은 환호성을 질렀어.

아리와 송송이도 너무 기뻐서 제자리에서 파닥파닥 뛰었지.

스님들과 아리, 송송이는 장경판전 안으로 들어가 보았어. 그곳에는 엄청나게 많은 목판들이 가지런히 꽂혀 있었어.

"우와!"

아리와 송송이는 입을 떡 벌린 채 장경판전 안을 둘러보았지. 아리와 송송이가 넋이 나가 있는 동안 스님들은 목판에 문제가 없는지 살펴보았어. 그런데 그때 젊은 스님 한 분이 외쳤어.

"이곳이 좀 이상합니다!"

스님들과 아리, 송송이는 젊은 스님이 있는 곳으로 우르르 몰려갔어.

"여기 목판의 순서가 이게 아니었던 것 같은데 뭔가 달라진 것 같습니다."

아리와 송송이가 보기엔 다 똑같은 목판으로 보였지만 스님들의 표정이 어두워진 걸 보니 뭔가 이상하긴 이상한 것 같았어.

"설마 이것도 악당의 짓?"

송송이가 아리에게 귓속말을 했어.

"밖에 나가 보자. 하얀 새가 올 수도 있잖아."

아리는 밖으로 나가는 문을 향해 송송이의 손을 잡아끌었어.

아니나 다를까, 저 멀리에서 하얀 새가 날아오더니 쪽지 하나를 떨어뜨렸지.

"하아, 그럼 그렇지. 이렇게 끝낼 리가 없지."

송송이는 한숨을 쉬며 쪽지를 펼쳤어.

하하하! 고작 문 하나 열었다고 신이 난 꼴이라니! 내가 그렇게 호락호락할 줄 알았어?

지금부터 너희는 뒤죽박죽이 된 목판을 제 순서로 바꾸어 놓아야 해. 그렇지만 마구 뽑았다, 넣었다 하면 아주 큰일이 날 거야. 조건을 지키지 않으면 불이 붙도록 장치를 해 두었거든. 여기가 잿더미로 변하지 않게 하려면 조건을 잘 기억해!

 ## 목판의 순서를 제대로 바꾸어 놓아라!

첫 번째. 목판은 딱 두 번만 움직일 수 있어.
두 번째. 한 번에 3개까지만 옮길 수 있어.
세 번째. 몇 개를 뽑을지는 자유지만 한 번 뽑은 목판을 한 개씩 따로따로 넣을 수는 없어.

자, 그럼 이번에도 잘할 수 있을지 없을지 두고 보겠어!

"으으윽!"

송송이가 잔뜩 화난 표정으로 소리를 지를 때였어. 아리가 송송이의 눈앞에 사진 한 장을 흔들었지.

"송송아, 아까 쪽지를 펼칠 때 이게 떨어졌어."

"이게 뭐야?"

송송이는 사진을 자세히 들여다보았어.

"으응? 목판 사진인데 왜 숫자가 적혀 있지?"

송송이는 적혀 있는 숫자를 손가락으로 문질러 보았어. 그러자 숫자가 점점 번지기 시작했지.

"음, 이게 번진다는 건 사진 위에 펜으로 썼다는 거잖아. 그럼 이 숫자는 악당 녀석이 쓴 게 분명해."

아리도 고개를 끄덕였어.

"이거 분명히 자기도 헷갈리니까 써 놓은 거야. 멍청한 악당 녀석!"

아리와 송송이는 서둘러 젊은 스님이 있던 곳으로 가 보았어. 그곳에는 아직도 스님들이 모여서 한숨을 쉬고 있었지.

송송이는 먼저 목판의 뒤쪽을 살펴보았어.

목판마다 기다란 줄이 연결되어 있었고, 그 줄은 창문 밖으로 이어져 있었지.

"하아, 이 줄을 따라가면 악당을 잡을 수 있을 것 같은데…"

송송이가 줄을 살짝 당겨 보면서 말했어.

"그렇지만 지금 그럴 상황이 아닌 것 같아."

아리가 스님들을 바라보며 송송이에게 말했어.

아리의 말처럼 지금은 온통 걱정만 하고 있는 스님들의 마음을 놓게 하는 게 먼저인 것 같았어.

아리와 송송이는 바닥에 철퍼덕 주저앉아 미션 쪽지와 사진을 나란히 놓고 살펴보았어.

"두 번만 움직여야 하고, 한 번에 3개까지 옮길 수 있고, 한 번 뽑은 목판은 따로따로 넣을 수 없다."

"그러니까 3개는 덩어리로 빼낼 수 있지만 넣을 때도 그 덩어리 그대로 넣어야 한다는 거잖아."

아리의 말에 송송이가 고개를 끄덕였어.

"아, 모르겠다. 일단 힌트부터 보자."

송송이는 머리를 세차게 흔들며 말했지.

아리는 가방에서 복주머니를 꺼내 힌트 쪽지를 펼쳐 보았어.

"정답은 두 가지라고?"

"1, 3, 5?"

곰곰이 생각하던 아리가 미션 쪽지의 가장자리 부분을 쭉쭉 찢기 시작했어.

"너 뭐 하는 거야?"

"이건 머리로 생각만 해서 되는 건 아닌 것 같아."

찢은 종이를 기다란 직사각형 모양으로 다시 한번 찢은 아리는 각 종이에 숫자를 적어 넣고, 사진에 있었던 숫자의 순서로 쭉 늘어놓았어.

"오! 좋은 생각이야."

송송이와 아리는 찢은 종이를 이리 옮기고, 저리 옮기면서 해결할 방법을 궁리해 보았어.

"아, 정말 모르겠어."

"나도 너무 답답해."

몇 번이고 한숨이 나오고 포기하고 싶었지만 세상이 무너진 것처럼 걱정에 빠진 스님들을 보면 그럴 수가 없었지.

그렇게 몇 번이나 종잇조각을 옮기고 또 옮겼을까? 손때가 묻은 종잇조각들이 땀에 젖어 흐물흐물해질 때였어.

"아! 이거다, 이거!"

아리와 송송이가 동시에 외쳤고, 스님들의 시선은 한꺼번에 아리와 송송이에게 집중되었지.

아리는 조용히 스님들에게 다가갔어.

"스님들, 혹시 종이를 붙일 수 있는 풀 같은 것이 있나요?"

"오, 마침 문에 새 창호지를 붙이려고 만든 풀이 있네."

젊은 스님이 밖으로 후다닥 나가시더니 풀이 들어 있는 통을 가지고 왔어.

아리는 사진을 보며 종이를 찢어 만든 번호표를 목판에 하나씩 붙였어. 그런 후 송송이는 천천히 목판 앞으로 다가갔지.

"순서를 잘 기억해야 돼."

아리의 말에 송송이는 비장한 표정으로 고개를 끄덕였어.

잠시 후 드디어 송송이가 목판으로 손을 뻗었어. 아리와 스님들은 잔뜩 긴장해서 숨소리조차 크게 내지 못하고 있었지.

송송이는 심호흡을 한 번 하고 4, 7, 8의 숫자가 적힌 목판을 한꺼번에 뺐어. 그리고 빼낸 목판들을 3의 숫자가 적힌 목판의 뒤에 꽂아 넣었지. 그런 다음 송송이는 2, 3, 4의 숫자가 적힌 목판을 한꺼번에 빼내 1의 숫자가 적힌 목판의 뒤쪽에 꽂아 넣었어.

"이야아아!"

"됐소! 이제 됐소!"

숨소리조차 들리지 않던 장경판전이 아리와 송송이, 스님들의 환호 소리로 가득했어.

"아, 이제 끝났다."

긴장이 풀린 탓인지 송송이는 자리에 털썩 주저앉으며 말했어. 아리는 그런 송송이를 다독거려 주었지.

"아, 맞다. 그런데 정답이 두 가지라고 했잖아. 그럼 한 가지가 더 있었다는 거 아니야?"

송송이는 벌떡 일어서며 아리에게 물었고, 아리는 고개를 갸웃거리며 대답했어.

"아마, 그렇겠지?"

송송이는 다시 목판이 있는 곳으로 성큼성큼 걸어갔어.

"어휴, 해결했으면 됐잖아. 또 해 보는 거야?"

"난 이 문제를 해결하는 것만큼이나 악당 녀석을 이기는 것도 중요해. 그러니까 완벽하게 이기고 싶단 말이야."

송송이는 사진과 목판을 번갈아 보면서 이를 악물었어.

"하여튼 못 말려."

아리는 그런 송송이를 바라보며 고개를 절레절레 저었지.

"우왓! 알아냈어, 두 번째 방법!"

"이렇게 빨리?"

"첫 번째 방법을 알았으니까 두 번째는 어렵지 않은데?"

"이제 정말 완벽하군."

송송이는 목판 앞에 서서 뿌듯한 표정을 지었어.

"정말 고맙네. 하마터면 정말 큰일이 날 뻔했어."

"지금까지 소중히 보관해 온 대장경이라 정말 마음이 조마조마했네. 정말 고마워."

스님들은 장경판전을 나서는 아리와 송송이에게 몇 번이고 감사 인사를 건넸어.

"정말 힘들었는데 잘 끝내서 너무 다행이야."

"그나저나 악당 이 녀석, 어떡하면 좋지?"

송송이가 잔뜩 인상을 찌푸리며 짜증을 내고 있을 때 환한 빛이 내려와 아리와 송송이를 감쌌어.

합천 해인사 대장경판

　해인사 대장경판은 고려 시대에 만들어져서 '고려대장경'이라고도 부르고, 경판의 수가 8만여 개에 달해서 '팔만대장경'이라고도 불러요.
　해인사 대장경판은 고려 고종 때 몽고의 침입을 부처님의 힘으로 극복하기 위해 나무에 불경을 새겨 만든 판이에요. 복잡한 과정을 거쳐 만들었기 때문에 지금까지 썩거나 뒤틀리지 않고 완벽하게 보존이 되고 있지요. 해인사 대장경판은 세계에서 가장 오래된 것일 뿐 아니라 내용도 완벽한 대장경으로 2007년에 유네스코 세계 기록 유산에 등재되었어요.
　해인사 대장경판은 해인사 장경판전에 보관되어 있어요. 기다란 두 개의 건물로 이루어진 장경판전은 오직 경판을 보관하는 역할에만 충실하기 위해 아무런 장식 없이 지어졌어요. 또 통풍이나 습도도 자연적으로 조절되게 하여 대장경판이 훼손되지 않고 잘 보존될 수 있었어요.

해인사 장경판전은 세계에서 하나밖에 없는 목판 보관용 건물로 1995년에 유네스코 세계 문화유산으로 지정되었어요.

팔만대장경 제작 과정

1 나무를 바닷물에 3년간 담갔다 꺼낸다.

2 적당한 크기로 자른 나무판을 소금물에 삶아 그늘에서 말린다.

3 잘 다듬은 판자 위에 새길 글자가 적힌 종이를 거꾸로 붙인다.

4 종이에 적힌 내용대로 글자를 새긴다.

5 종이를 떼어 내고, 글자가 새겨진 판을 찍어 보며 틀린 글자가 있는지 확인한다.

6 판에 옻칠을 한 후, 네 귀퉁이에 동판을 붙여 마무리한다.

9
익산 미륵사지 석탑
사라진 사리장엄구

빛이 사라지고 아리와 송송이는 젤리 가게로 뛰어 들어갔어. 아저씨는 기다리고 있었다는 듯 고개를 끄덕였지.

"이번에도 잘 해결하고 돌아올 줄 알았지요."

아리는 아저씨에게로, 송송이는 젤리 상자로 달려갔어.

"얼른 다음 이야기도 해 주세요."

아저씨는 환하게 웃으면서 이야기를 시작했어.

"우리는 그 친구가 저지른 잘못을 되돌리기 위해 역사 속을 바삐 다녀야 했어요. 그러다 그만 스승님께서 병을 얻고 말았지요."

"나는 스승님의 뜻에 따라 상자를 가지고 길을 떠났어요. 그리고 지도 속의 길을 찾아가 기술자도 만났지요."

이야기를 듣던 아리가 고개를 갸웃거렸어.

"어? 그럼 아저씨 친구는 지도도 없었는데 어떻게 간식을 구했어요?"

아저씨는 한숨을 내쉬었어.

"워낙 영리한 친구였어요. 근처 가장 큰 마을로 가서 사람들에게 간식을 보여 주면서 기술자를 찾아다닌 모양이에요.

기술자는 간식을 가지고 찾아오는 사람에게는 이유를 묻지 않고 만들어 줘야 하는 임무가 있었어요. 스승님의 간식 상자가 계속 가득 찼던 것도 그런 이유 때문이었지요. 그러니 친구도 계속해서 간식을 얻을 수가 있었을 거예요."

아리는 고개를 끄덕였어.

"아리야, 얼른 젤리 먹어. 이번에는 꼭 악당 녀석을 잡자."

어느새 송송이는 벽돌 모양의 젤리를 가져와 아리에게 내밀었어.

"이번에도 잘 해결하고 돌아오길 바랄게요."

젤리를 먹으며 가게 문을 나서는 아리와 송송이에게 아저씨는 손을 흔들어 주었어.

아리와 송송이도 막 손을 흔들려고 할 때 환한 빛이 둘을 감쌌지.

빛이 사라지고 나니 아리와 송송이의 눈앞에 스님들과 절이 보였어.

"이번에도 절이네?"

아리는 주변을 두리번거리며 살펴보았지.

"그런데 이번에는 좀 달라. 절이 산속에 있는 게 아니야."

송송이의 말을 듣고 보니 정말 이 절은 산이 아닌 평지에 자리를 잡고 있었어. 절에는 사람들도 많았어. 스님들도 많았지만 한창 탑을 쌓느라 일하는 사람들도 많았지.

"이제 정신을 바짝 차려야겠어. 사람들 사이에 악당이 끼어 있을 수도 있다고!"

송송이가 아리의 손을 잡으며 귓속말을 했어.

아리는 고개를 끄덕이며 눈을 동그랗게 뜨고 주변을 살폈어. 그때였어.

"사리장엄구가 사라졌습니다!"

아리와 송송이는 동시에 한숨을 내쉬었어.

"아, 벌써 시작이네."

아리와 송송이는 소리가 나는 쪽으로 달려가 보았어.

탑을 쌓고 있는 곳에서 일꾼들과 스님들이 걱정스러운 얼굴로 모여 있었지.

"분명 아침까지만 해도 이곳에 있는 걸 보았는데, 대체 어디로 간 것이냐?"

"정말 눈 깜짝할 새에 사라졌습니다."

모두들 어리둥절한 표정으로 안절부절못하고 있었어. 그때 하얀 새가 날아와 가방과 쪽지를 떨어뜨렸어.

또 만나니 반갑군. 아마 지금쯤 사리장엄구를 찾고 있겠지?
지금 동탑 뒤로 가면 바닥에 딱 붙어 있는 투명 풍선이 있는데,
그 안에 사리장엄구가 들어 있는 보석함이 있어.
그걸 꺼내면 되는데, 생각보다 쉽지는 않을 거야.
왜냐하면 보석함에는 헬륨을 가득 채운 풍선 4개가 매달려
있고, 투명 풍선이 터지면 보석함은 안에 있는 풍선들과 함께
훨훨 날아갈 거거든. 투명 풍선과 연결된 공기 주입기를
끄려면 공기 주입기가 들어 있는 상자의 자물쇠를 열어야 해.
이번에도 잘 열어 보길 바랄게. **음하하하!**

"일단 가 보자."

송송이는 아리의 손을 잡고 동탑의 뒤로 가 보았어. 그랬더니 정말 어마어마하게 큰 투명 풍선이 떡하니 서 있었지.

"아니, 보석함이 저기에 있습니다."

"어서 저 보석함을 꺼내야 합니다."

어느새 스님들과 일꾼들이 풍선 주변으로 몰려들었어.

"안 돼요!"

"만지면 안 돼요!"

 상자 앞 자물쇠의 비밀번호를 눌러 봐!

아리와 송송이는 다급하게 소리치며 스님들과 일꾼들의 사이로 비집고 들어갔어.

"조심하세요, 잘못해서 터지면 보석함은 날아가 버려요."

아리의 말에 스님들과 일꾼들은 깜짝 놀라 뒷걸음질 쳤어.

"하아, 나쁜 짓에 이렇게까지 머리를 쓰다니…"

송송이는 고개를 절레절레 저으며 풍선을 바라보았어.

"송송아, 지금 보고만 있을 때가 아니야. 풍선이 계속 커지고 있어!"

"맞다! 비밀번호는 풍선에 적힌 숫자라고 했지?"

송송이가 자물쇠로 다가가 비밀번호를 눌러 보았어.

5136, 6315, 3165, 1356…. 풍선에 적힌 숫자의 순서를 바꾸어 가며 번호를 눌러 보았지만 아무것도 열리지 않았어.

"아, 대체 뭐지?"

송송이가 계속 번호를 바꾸어 누르는 사이 풍선은 금방이라도 터질 것처럼 커져 있었지.

송송이는 초조하게 손톱을 물어뜯으며 아리에게 말했어.

"아리야, 얼른 힌트 좀 꺼내 봐."

아리가 재빨리 가방을 열어 복주머니를 꺼냈어. 복주머니에서는 오래되어 보이는 시계 하나가 나왔지.

"뭐야? 시계가 왜 나와? 시간 없으니까 빨리 해결하라는 뜻이야?"

송송이는 투덜거리면서도 손으로는 계속해서 비밀번호를 눌렀어. 그런데 한참 동안 시계를 보고 있던 아리가 송송이를 향해 시계를 쭉 내밀었어.

"송송아, 잘 봐. 지금 이 시계, 멈춰 있어."

"멈춰 있다고?"

"응, 4시 35분에 멈춰 있어. 이게 큰 힌트인 것 같은데…."

아리는 시계를 뚫어져라 바라보았어.

"아, 진짜 금방이라도 터질 것 같은데…."

송송이는 식은땀까지 흘리며 풍선을 바라보고 있었어. 그때 아리가 소리쳤어.

"4시 35분이니까, 이걸 24시간으로 생각해 보면 16시 35분이야."

"와! 그럼 비밀번호는 '1635'인 거야?"

송송이는 얼른 자물쇠로 달려가서 '1635'를 눌렀어. 그러자 자물쇠가 바로 열렸고, 송송이는 재빨리 스위치를 껐지.

"푸슈슈슈슉."

그 순간 풍선에서 바람이 빠지기 시작했어.

"됐다. 이제 빨리 저 상자를 꺼내야 해."

아리와 송송이는 재빨리 보석함으로 달려갔어. 투명 풍선에서 바람은 빠졌지만 안심할 수는 없었어. 지금은 투명 풍선이 바닥에 붙어 있어서 괜찮지만 투명 풍선이 찢어지기라도 하면 보석함은 하늘로 날아가 버릴 수도 있었거든.

"아저씨들, 스님들, 저희 좀 도와주세요. 저 보석함을 꽉 붙잡고 계셔야 해요."

아리와 송송이의 부탁에 일꾼들과 스님들이 모여들어 보석함을 붙잡았어. 그리고 아리와 송송이는 풍선을 찢고 조심스럽게 풍선이 매달린 끈을 풀었지.

풍선이 어찌나 크고 헬륨이 많이 들어 있었는지, 여러 명이 붙잡고 있어도 휘청거릴 지경이었어.

드디어 풍선 네 개가 모두 하늘로 날아가고 일꾼들과 스님들이 보석함을 들고 마음을 놓는 사이 아리와 송송이는 털썩 주저앉았어.

"하아, 드디어 끝났다."

그때 한 스님이 다가와 아리와 송송이의 어깨를 두드려 주었어.

"정말 고맙다. 그 괴이한 물건을 다룰 줄 아는 사람이 없었다면 귀한 사리장엄구를 모두 잃을 뻔했어. 모두 너희 덕분이다."

긴장감이 풀린 탓에 기운이 쭉 빠졌지만 스님의 말씀 덕분에 다시 힘이 났어.

 아리와 송송이는 엉덩이를 탈탈 털고 일어나 다시 절의 이 곳저곳을 돌아다니기 시작했어.
 "아까 저 탑이 다 지어지면 이 탑이랑 모양이 같다는 거지?"
 아리와 송송이는 이미 지어진 동탑을 둘러보았어.

"여기 있는 탑은 다른 절에서 본 것보다 훨씬 크다."

"맞아. 탑이 아니라 건물 같아."

"오! 여기 1층에는 문도 있어."

"우리 여기 들어가 보자."

송송이는 앞장서서 문으로 들어갔어.

아리도 송송이의 뒤를 따라갔지.

"와, 이렇게 큰 돌을 어떻게 쌓았지?"

"엄청 튼튼하게 지었다."

탑 안에 처음 들어와 본 아리와 송송이는 너무 신기해서 이곳저곳을 둘러보았어. 그런데 그때였어.

"쿵! 쿵! 쿵! 쿵!"

네 개의 문이 하나씩 닫히는 거야.

아리와 송송이는 너무 놀라 가슴이 쿵쾅거렸어.

"아우, 이것도 악당의 짓인가?"

"설마, 여기로는 하얀 새도 못 오잖아."

"그럼 열어 보자."

송송이는 문으로 가서 힘껏 밀어 보았어. 그렇지만 두꺼운 나무로 만들어진 문은 꼼짝도 하지 않았지.

"후우, 어떻게 하지?"

아리와 송송이가 한숨을 쉬며 자리에 주저앉을 때였어.

"투둑!"

천장에서 갑자기 주머니 하나가 뚝 떨어졌어. 주머니에는 쪽지 하나와 성냥개비 여러 개가 들어 있었지.

이런, 꼼짝없이 갇혀 버렸군.
새가 날아갈 수 없으니 미션도 없을 거라 생각했겠지만
그건 아주 잘못된 생각이야. 새는 그저 심부름꾼일 뿐,
나는 아주 다양한 방법으로 미션을 내줄 수 있거든~!
비밀번호 미션을 해결하느라 힘을 많이 썼을 것 같아서
이번 미션은 아주 편하게 앉아서 해결할 수 있는 걸로 준비했어.
내가 이렇게 착하다고! **음하하하!**
자, 한번 잘 해결해 봐!

미션 18 성냥개비로 아래의 모양을 만든 후, 5개의 정사각형을 만들어 봐!

· 몇 번을 움직여도 상관없음
· 성냥개비의 개수는 여섯 개 그대로
  만들어야 하며 부러뜨려도 안 됨.

아리는 성냥개비 여섯 개로 쪽지에 있는 모양을 만들어 보았어.

"이걸로 어떻게 정사각형 다섯 개를 만들지? 말이 돼?"

"말이 안 돼도 일단 해 봐야지!"

송송이는 성냥개비를 이리저리 옮기며 궁리를 해 보았어. 그렇지만 답은 쉽게 나오지 않았지.

"에잇, 안 되겠다."

송송이는 가방에서 복주머니를 꺼내 힌트 쪽지를 꺼냈지.

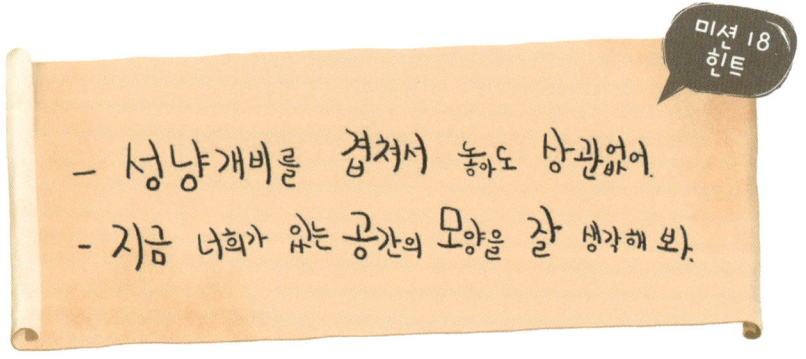

"성냥개비를 겹쳐 놓아도 된다, 그리고 우리가 있는 곳의 모양…?"

송송이는 곰곰이 생각해 보았어. 그러고는 성냥개비를 또 이런저런 모양으로 움직여 보았지. 그래도 답은 쉽게 나오지 않았어.

한참을 말없이 성냥개비만 바라보던 아리가 조용히 말을 꺼냈어.

"송송아, 우리가 지금 있는 이곳이 정사각형의 탑이잖아."

아리는 송송이에게 설명하면서 성냥개비를 정사각형 모양으로 놓았어.

"그런데 이 안쪽은 십자 모양의 통로가 있단 말이야."

이번에 아리는 성냥개비 두 개를 겹쳐 정사각형의 안쪽으로 십자 모양을 만들어 넣었지.

"으응? 이렇게 하면 우리가 있는 곳의 모양이랑도 비슷하고, 성냥개비를 겹쳐 놓은 것도 맞기는 한데, 정사각형이 네 개잖아."

송송이가 고개를 갸웃거렸어. 그러자 아리가 손가락으로 사각형들을 가리키며 말했어.

"봐. 안쪽의 정사각형이 네 개고, 바깥쪽 정사각형이 있으니까 모두 다섯 개지."

드르륵…

"오오! 맞다!"

송송이가 깜짝 놀라 외치자 네 개의 문이 차례로 열리기 시작했어.

"열렸다!"

아리와 송송이는 얼른 열린 문으로 뛰어나왔어.

"아, 정말 갑갑해서 혼났네."

"악당 녀석, 진짜 잡히면 내가 가만두지 않을 거야!"

풀밭에 선 채 헉헉거리던 아리와 송송이는 가슴을 쭉 펴고 맑은 공기를 들이마셨어. 그때 환한 빛이 내려와 아리와 송송이를 감쌌지.

아홉 번째 여행지

익산 미륵사지 석탑

    미륵사지 석탑은 백제 무왕 때 지어진 탑으로 우리나라 석탑 중에 가장 크고 오래된 탑이에요. 오랜 역사를 지나오며 탑의 일부분이 훼손되었지만 꾸준히 수리와 복원 작업을 하며 더 이상 훼손되지 않도록 많은 노력을 기울이고 있어요.

    2009년에 미륵사지 석탑을 수리하는 과정에서 완전한 모양을 갖춘 '사리장엄구'가 발견되기도 했어요. 사리장엄구란 부처님의 사리를 탑에 모실 때 부처님께 바치기 위해 함께 넣어 두는 여러 가지 진귀한 물건들을 통틀어 이르는 말이에요.

▲ 금제사리내호와 금제사리외호

▲ 금제 사리봉영기

　이 사리장엄구에는 미륵사를 지을 당시의 기록인 '금제 사리봉영기'도 들어 있었어요. 그 덕분에 미륵사와 미륵사지 석탑이 기해년(639년)에 지어졌다는 것이 명확하게 밝혀졌지요.

　미륵사지에는 원래의 자리를 지키고 있는 서탑과 조사와 연구를 통해 새롭게 지어진 동탑이 나란히 자리를 잡고 있어요. 동탑은 1층의 내부로 들어갈 수 있어 안쪽의 모습까지 볼 수 있지요.

　미륵사지에는 국립익산박물관도 함께 있어서 사리장엄구를 비롯한 백제 시대의 다양한 유물을 관람할 수 있어요.

10
서울 창덕궁 & 종묘
악당은 누구일까?

빛이 사라지자마자 아리는 쏜살같이 젤리 가게로 뛰어 들어갔어. 송송이는 느긋하게 아리의 뒤를 따라갔지.

"아저씨!"

아리는 문을 열자마자 가게가 떠나가라 소리를 쳤어. 한쪽 귀퉁이에서 젤리를 정리하던 아저씨가 웃으며 걸어 나왔지.

"이번에도 멋지게 해결하고 왔군요."

"얼른 다음 이야기해 주세요, 네?"

아리가 눈빛을 반짝이며 아저씨를 바라보았어.

아저씨는 웃으면서 고개를 끄덕이고는 이야기를 시작했지.

"그 친구는 계속 말썽을 부리고 다녔고, 나는 그 친구가 벌인 일을 해결했어요. 내가 모든 걸 되돌린다는 걸 안 친구는 점점 더 심한 장난을 쳤어요. 그러던 어느 날이었지요."

"아후, 친구 너무 나빠요!"

아리는 인상을 잔뜩 찌푸렸어.

"사실 난 그때 내가 하는 일을 포기하려고 했어요. 오랜 시간 동안 친구의 뒤치다꺼리를 하는 게 쉽지만은 않았거든요. 그런데 기술자의 이야기를 듣고는 포기할 수 없었어요."

"아, 그래서 이 가게를 차리신 거예요?"

아저씨는 고개를 끄덕였어.

"맞아요. 그런데 이렇게 훌륭한 고객님들을 만났으니 정말 다행이죠."

"아저씨, 그럼 처음 악당이 말했던 까만 젤리 가게가 아저씨 친구네 가게인 거예요?"

아저씨는 고개를 끄덕였어.

"그럼 악당은 우리 같은 아이일 수도 있겠네요? 그리고 우리한테 악당의 편지나 가방을 전해 주는 하얀 새는 어디에서 온 거예요?"

아리는 아저씨에게 자꾸만 질문을 했어. 그때 송송이가 기와지붕 모양의 젤리를 아리에게 내밀었어.

"그런 건 악당을 잡으면 모두 알게 될 테니까 얼른 젤리부터 먹자."

"그래도 아직 궁금한 게 많은데…"

아리는 송송이에게 젤리를 받으며 아저씨를 쳐다보았어.

아저씨는 환히 웃으며 말했지.

"하하하, 궁금한 건 다음에 또 이야기하면 되지요."

아리와 송송이는 젤리를 먹으며 젤리 가게를 나왔어. 그리고 잠시 후 환한 빛이 아리와 송송이를 감쌌어.

빛이 사라지자 아리와 송송이의 눈앞에는 문이 여러 개 있는 커다란 기와집과 한복을 입은 사람들이 보였어. 둥근 모자에 윗도리가 긴 한복을 입은 남자들, 머리에 큰 비녀를 꽂고 화려한 무늬가 있는 한복을 입은 여자들, 그리고 아무 장식이 없는 한복을 입고 단정하게 머리를 묶은 여자들…. 이건 분명 역사 드라마에서 보던 모습이었어.

"송송아, 여기 설마…, 궁궐이야?"

"그런 것 같아!"

아리와 송송이는 귓속말로 이야기를 나눈 후 궁궐 안을 천천히 둘러보았어. 임금님이 사는 궁궐이라 그런지 건물들도 모두 크고 웅장했어. 그렇게 한참을 돌아다니던 아리와 송송이는 한 건물 앞에서 안절부절못하는 아저씨들을 보았어.

"분명 순서대로 잘 묶어 두었는데, 정말 이상한 일입니다."

아리와 송송이는 재빨리 아저씨들에게 다가갔지.

아저씨들은 바닥에 떨어져 있는 열쇠들을 보며 한숨을 쉬고 있었어.

"모두 다 열어 보아라. 그러다 보면 맞는 열쇠가 있겠지."

"그러다 열쇠가 들어가는 구멍이 망가질 수도 있습니다."

"맞습니다. 지난번에도 그래서 문을 통째로 바꾸어야 했습니다. 경비병들도 크게 벌을 받았고요."

"어허, 이를 어쩐다. 어서 문을 열어야 임금님께 서책을 가져다드릴 수 있을 텐데…."

아저씨들의 표정은 점점 더 어두워졌어. 그때 멀리에서 하얀 새가 날아와 가방 두 개와 쪽지 하나를 떨어뜨렸어.

송송이는 얼른 쪽지를 펼쳐 보았지.

궁궐에서 너희를 또 보게 되다니, 정말 반가워! 당연히 짐작하고 있겠지만 열쇠를 엉망진창으로 바꿔 놓은 건 내가 한 게 맞아. 궁궐은 사람들도 많고, 늦게까지 잠도 안 자고 지키는 사람들이 있어서 할 수 있는 게 마땅치 않았거든. 그래서 그냥 자잘한 장난을 좀 쳐 봤지. 이번 미션은 열쇠의 순서를 제대로 맞추어 놓는 거야. 그림을 잘 보고 맞춰 봐. **음하하하!**

"이게 도대체 무슨 그림이야?"

아리는 어리둥절한 표정으로 그림을 뚫어져라 쳐다보았어.

"와, 정말 하나도 모르겠다."

송송이도 고개를 절레절레 저었지.

"얼른 힌트 보자."

송송이의 말에 아리는 가방에서 복주머니를 꺼냈어. 복주머니에는 쪽지가 들어 있었지.

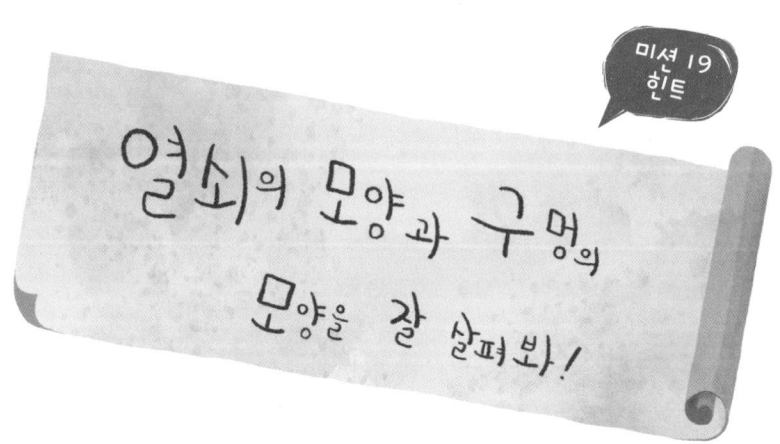

"열쇠의 모양과 구멍을 잘 살펴보라고? 그럼 열쇠가 있어야 하잖아."

송송이는 혼잣말을 중얼거리더니 아저씨들에게 성큼성큼 다가갔어.

"저기, 저희가 열쇠를 좀 봐도 될까요?"

아저씨들이 너무나 어두운 표정이었기 때문에 송송이는 최대한 예의 바르게, 미소를 지으며 물었어.

"보기만 하면 무슨 문제가 되겠느냐? 마음껏 보아라."

가장 나이 많아 보이는 아저씨가 웃으며 말했어.

아리와 송송이는 쪼그리고 앉아 바닥에 떨어진 열쇠들을 살펴보았지.

"휴, 그림은 너무 복잡하고, 열쇠는 너무 쪼그맣고… 진짜 답답하다!"

아리는 계속 중얼거리면서 인상을 잔뜩 찌푸렸어. 그러는 동안 송송이는 아무 말 없이 미션 쪽지와 열쇠를 비교하며 살펴보았지. 그렇게 얼마나 시간이 지났을까?

"아, 알겠다. 그런데 좀 귀찮네."

송송이가 낮은 목소리로 아리에게 말했어.

"왜? 왜 귀찮아?"

아리는 눈을 동그랗게 뜨며 송송이에게 바짝 다가갔지.

"이걸 하나씩 다 맞춰 봐야 하잖아…. 아, 진짜 귀찮아."

송송이는 한숨을 쉬며 미션 쪽지의 그림을 열쇠에 갖다 대 보았어. 그랬더니 정말 그림 하나와 열쇠의 모양 하나가 딱 들어맞았어.

"어? 정말이네?"

아리도 그림과 맞춰 보려고 열쇠를 하나 주워 들었어.

"어! 만지면 안 돼! 우린 보기만 한다고 했잖아."

송송이가 아리의 손을 탁 치며 말했어. 아리는 깜짝 놀라 아저씨들을 바라보았어. 아저씨들은 한꺼번에 아리를 노려보고 있었지.

"아, 맞다. 깜박했네."

아리는 조용히 열쇠를 있던 곳에 다시 놓아두었어.

아리와 송송이는 이쪽저쪽으로 자리를 옮겨가며 열쇠의 모양과 그림을 비교해 보았지. 그렇게 한참의 시간이 흐르고, 결국 아리와 송송이는 열쇠의 순서를 모두 맞추었어.

"아저씨들, 다 됐어요."

아리와 송송이는 아저씨들에게 다가가 순서를 알려 주었어.

아저씨들은 아리와 송송이가 알려 준 순서대로 열쇠 뭉치에 열쇠를 끼웠지.

"열쇠가 제대로 맞는지 확인할 때까지 어디 가지 말고 이곳에 있도록 해라."

가장 나이가 많아 보이는 아저씨가 아리와 송송이에게 말했어.

"설마, 틀린 건 아니겠지?"

"아닐 거야."

아리와 송송이는 문 앞에 다가가는 아저씨들을 보며 잔뜩 긴장했어. 한 아저씨가 첫 번째 문에 열쇠를 끼워 돌린 다음 손잡이를 당겼어.

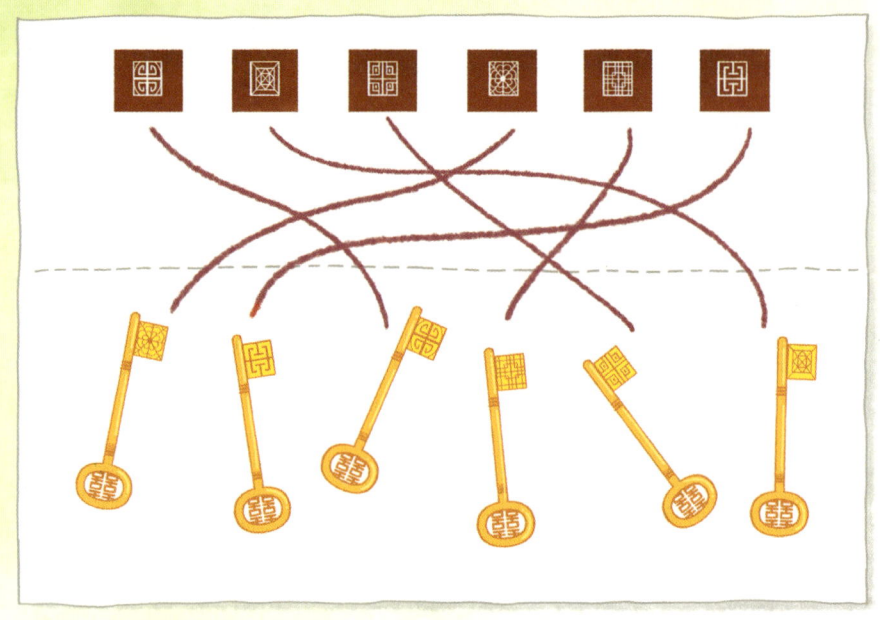

"끼익!"

"문이 열렸습니다!"

아저씨는 그다음 문도, 또 그다음 문도 순서대로 하나씩 열었어.

"열쇠의 순서가 모두 다 맞습니다!"

아저씨들은 그제야 환호성을 질렀고, 아리와 송송이도 두 손을 잡고 폴짝폴짝 뛰었어.

"의심해서 미안하구나. 너희들 덕분에 문을 열 수 있게 되었어. 만약 문을 열지 못했다면 우리 모두가 벌을 받을 뻔했다. 정말 고맙다."

가장 나이가 많아 보이는 아저씨가 아리와 송송이에게 정중하게 인사를 했어.

"문을 열 수 있게 되어서 정말 다행이에요."

아리와 송송이도 환하게 웃으며 인사를 했지.

이곳에서의 첫 번째 미션을 끝낸 아리와 송송이는 느긋하게 궁궐을 돌아보았어.

"궁궐은 정말 넓구나."

정말이지 걸어도 걸어도 계속 새로운 건물과 풍경이 보였어. 그 모습에 신기해하며 계속 구경을 하고 있을 때였어.

"얘들아, 너희는 누구니?"

어떤 아주머니가 아리와 송송이에게 다가와 물었지.

"앗, 저, 저희는…."

아리와 송송이는 어떻게 대답해야 할지 몰라 우물쭈물했어.

"아우, 지금 일손이 하나라도 더 필요한 마당에 너희가 누구인지가 뭐가 중요하겠어. 어서 날 따라오너라."

아주머니는 앞장서서 휘휘 걸어갔어. 아리와 송송이는 영문도 모른 채 아주머니의 뒤를 따라갔어.

아주머니와 함께 도착한 곳에는 여러 명의 사람들이 부엌일을 하고 있었어. 그중에는 아리와 송송이 또래의 아이들도 많이 있었지.

"왜 멀뚱히 바라보고만 있느냐? 내일이면 임금님과 세자 저하가 큰 제사를 지내러 온다는 것을 모른단 말이냐? 어서 일을 시작해라."

아주머니는 아리와 송송이를 향해 목소리를 높였어.

"저, 저희가 무슨 일을 해야 하죠…?"

아리는 잔뜩 기가 죽어 기어 들어갈 것 같은 목소리로 물었어.

"아이고, 답답하기도 해라."

아주머니는 가슴을 쾅쾅 치더니 전사청을 한 바퀴 돌아보았어.

"저기 돈박(돼지갈비)을 만들 사람이 부족하구나. 저쪽으로 가서 일을 돕도록 해라."

아리와 송송이는 아주머니가 가리키는 곳으로 가 보았어. 거기엔 두 명의 아주머니가 고기를 손질하느라 매우 바빠 보였어.

"저희가 여기 일을 도우려고 왔는데요, 뭘 하면 될까요?"

이번에는 송송이가 조용히 물었어. 한 아주머니가 아리와 송송이를 힐끗 쳐다보더니 말했지.

"거기 솥에 물을 받아 오거라."

아리와 송송이는 커다란 가마솥을 들고 우물로 나왔어.

"아, 이거 뭔가 이상해. 지금까지 다녔어도 일을 해 본 적은 없는데…. 이것도 악당이 벌인 일이 분명해."

송송이는 바가지로 솥에 물을 퍼 담으며 투덜거렸어.

"그럼 대체 미션은 뭘까? 이렇게 사람이 많은데 장난을 칠 수 있나?"

아리는 고개를 갸웃거리며 쉴 새 없이 물을 퍼 담았어.

"혹시 이 안에 악당이 있는 거 아니야?"

송송이는 물을 담다 말고 전사청 안을 둘러보았어. 그렇지만 모두 제 일을 하느라 바쁠 뿐, 장난을 치려는 사람은 보이지 않았지.

그러는 사이 가마솥에는 물이 가득 찼어. 아리와 송송이는 낑낑거리며 가마솥을 들고 갔지.

아주머니들은 능숙하게 아궁이에 불을 지피고, 물이 끓기 시작하자 고기를 넣었어. 그런데 잠시 후 한 어린아이가 달려오더니 아주머니들에게 다급하게 말했어.

"지금 청저(열무로 담근 김치)랑 근저(미나리로 담근 김치)를 해야 하는데 일손이 부족하다고 합니다."

"그래?"

아주머니들은 서로 눈빛을 주고받더니 아리와 송송이에게 말했어.

"아무래도 돈박은 너희가 삶아야겠다. 이제 조금만 더 삶으면 되니 솥을 잘 보고 있어라. 그럼 우리는 간다."

이 말만 남겨 놓고 아주머니들은 급히 떠나 버렸어.

아리와 송송이는 너무 당황스러워 고기가 펄펄 끓고 있는 솥만 바라보았지.

그때였어. 멀리에서 하얀 새가 나타나더니 주머니 하나를 떨어뜨렸지. 송송이는 얼른 주머니를 열어 보았어. 주머니에는 쪽지 하나와 모래시계 두 개가 들어 있었지.

자, 이번 미션은 너희가 돈박을 아주 잘 만드는 거야.
고기는 지금부터 15분을 더 삶아야 완성이 돼. 그렇지만 너희에게 시계가 없잖아? 그래서 내가 친절하게 시계를 준비했어.
두 개의 모래시계를 이용해서 정확하게 15분을 잘 지키길 바랄게.
아참, 만약 너희가 음식을 망친다면 난 종묘에 있는 모든 우물에 쓴맛이 나는 약을 넣을 생각이야.
임금님도 드시는 물이니까 그런 일은 없어야겠지?
그럼 잘해 봐!

 **미션 20** **11분짜리 모래시계와 7분짜리 모래시계로 15분을 맞춰라!**

"하아, 진짜 큰일 났다."

송송이는 쪽지를 보며 한숨을 쉬었어. 그러는 동안 아리는 아궁이에서 불타고 있는 장작을 꺼내기 시작했어.

"뭐 하는 거야?"

송송이는 그런 아리에게 버럭 소리를 질렀지.

"생각할 시간이 필요하잖아. 그동안 더 끓지 않게 해야지."

듣고 보니 아리의 말이 맞는 것 같아 송송이는 고개를 끄덕였어. 그리고 재빨리 가방에서 복주머니를 꺼냈지. 복주머니에는 쪽지가 들어 있었어.

미션 20 힌트
- $11-7=?$, $4+11=?$
- 모래시계의 중간부터 15분을 측정할 수도 있어.

"'11-7'이랑 '4+11'?"

송송이는 고개를 갸웃거리며 생각을 해 보았어. 그렇지만 딱히 떠오르는 게 없었지. 잠시 후 모래시계 두 개를 들고 있던 아리가 조심스럽게 말했어.

"송송아, 큰 모래시계가 11분짜리고, 작은 모래시계가 7분짜리라고 했잖아?"

송송이는 고개를 끄덕였어.

"그런데 '11-7'이라고 하니까, 모래시계의 숫자와 딱 맞아떨어지네."

"그렇지."

"그리고 11 빼기 7은 4잖아."

송송이는 또다시 고개를 끄덕였어.

"그런데 4 더하기 11이니까…."

라고 말한 후 아리는 또다시 생각에 빠졌어.

송송이 역시 모래시계를 노려보며 궁리하고 있었지. 그렇게 얼마나 시간이 흘렀을까?

"우와! 나 알 것 같아!"

송송이가 큰 소리로 외쳤어. 얼마나 소리가 컸는지 주변에 있던 사람들이 힐끗거리며 쳐다볼 정도였지.

"알겠어? 어떻게 하는지?"

아리가 눈을 동그랗게 뜨고 물었어.

"중간부터 측정할 수 있다는 게 정말 큰 힌트였어. 그러니까 말이야…"

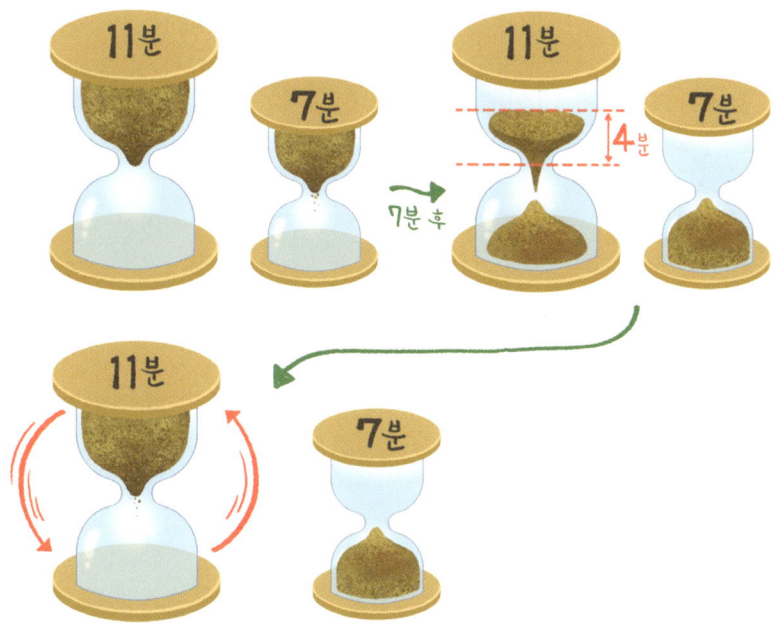

"맞네. 7분짜리 모래시계가 끝나면 11분짜리 모래시계에는 4분만 남는 거니까, 그때부터 시작하는 거지."

"맞아. 그리고 11분짜리가 끝날 때까지 기다렸다가 뒤집기만 하면 4분 더하기 11분이니까 딱 15분이지."

"우와!"

아리와 송송이는 두 손을 잡고 펄쩍펄쩍 뛰었어.

아리와 송송이는 두 개의 모래시계를 세워 놓았어. 그러는 동안 장작을 다시 넣을 준비를 하고 있었지. 그리고 작은 모래시계가 끝나자마자 급하게 장작을 다시 넣었어.

"자, 정확하게 모래시계를 뒤집고 기다리기만 하면 돼."

아리와 송송이는 느긋한 마음으로 잘 끓고 있는 가마솥을 바라보았지. 그리고 마침내 15분이 지난 다음 장작을 모두 빼냈어.

"어머, 얘들아, 세상에 어쩜 이렇게 돈박을 잘 만들었니?"

다시 돌아온 아주머니들은 아리와 송송이가 만든 돈박을 보며 칭찬을 해주었어.

미션도 해결하고 칭찬도 받아서 기분이 좋아진 아리와 송송이는 전사청을 빠져나왔지.

"나라의 일을 위해서 고생하는 사람들이 이렇게 많은지 정말 몰랐어."

아리의 말에 송송이는 고개를 끄덕였어.

"맞아. 모두 엄청 열심히 일하고 있어서 나도 깜짝 놀랐어."

이야기를 나누며 천천히 걷고 있던 그때 환한 빛이 아리와 송송이를 감쌌어.

서울 창덕궁 & 종묘

창덕궁

　창덕궁은 1405년 조선 태종 때 경복궁의 동쪽에 지은 궁궐이에요. 하지만 1592년 임진왜란으로 경복궁과 창덕궁이 모두 불에 타버리게 되었고, 그 이후 창덕궁은 광해군 때 다시 지어졌어요.

　창덕궁은 조선시대의 왕이 가장 오랫동안 머물렀던 곳으로, 복잡하고 다양한 왕실의 모습을 잘 보여 주고 있어요. 궁궐의 공간 구성이 왕실 생활에 편리함과 친근감을 주어 왕들이 아주 좋아했다고 해요.

　창덕궁은 조선시대 궁궐 중 원형이 잘 보존되어 있으며, 인위적이지 않고 주변 지형과 조화를 이루며 자연스럽게 지어진 아름다운 궁이에요. 창덕궁은 이러한 점을 높게 평가받아 1997년 유네스코 세계 문화 유산으로 지정되었어요.

종묘

　종묘는 조선 왕조의 역대 왕과 왕비들의 신주(돌아가신 분들을 기록한 나무 패)를 모시고 나라에서 가장 큰 제사를 지내던 곳이에요. 화려하지는 않지만 웅장하면서도 간결한 아름다움을 자랑하는 종묘는 같은 유교권 국가인 중국이나 일본에서도 찾아볼 수 없는 독특한 제례 공간이라고 해요.

　조선을 건국한 태조 이성계는 1394년에 수도를 한양으로 옮긴 후 가장 먼저 종묘를 지었어요. 조선은 유교를 나라의 근본으로 삼아 조상을 숭배하고 모시는 것이 중요했기 때문이에요.

　종묘는 1995년에 유네스코 세계 문화유산으로 지정되었어요.

　창덕궁과 종묘는 원래 경계 없이 자유롭게 오갈 수 있는 곳이었어요. 하지만 일제 강점기에 새롭게 길을 만들면서 강제로 나뉘어 버렸지요. 그 후로 오랜 시간 동안 나뉜 채로 지냈는데, 2022년 7월에 창덕궁과 종묘를 연결하는 길이 새로 지어졌어요. 그래서 지금은 궁궐 담장을 따라 산책도 할 수 있답니다.

에필로그

빛이 사라지고 아리와 송송이는 젤리 가게로 들어가려고 했어. 그런데 이게 웬일이지? 젤리 가게는 어디로 간 거야?

아리와 송송이는 얼른 달려가 앞에 보이는 편지부터 펼쳐 보았어.

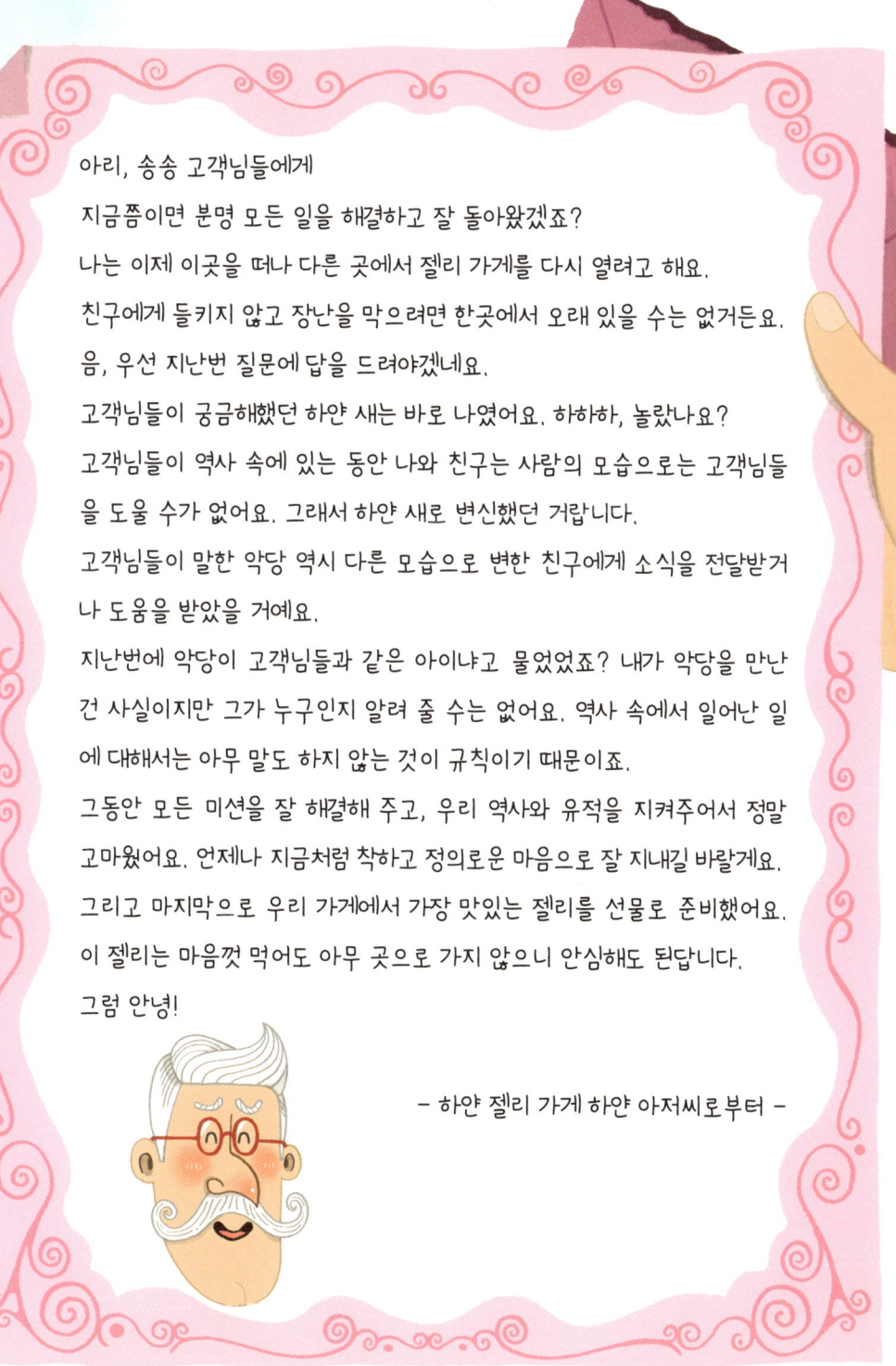

아리, 송송 고객님들에게

지금쯤이면 분명 모든 일을 해결하고 잘 돌아왔겠죠?

나는 이제 이곳을 떠나 다른 곳에서 젤리 가게를 다시 열려고 해요.

친구에게 들키지 않고 장난을 막으려면 한곳에서 오래 있을 수는 없거든요.

음, 우선 지난번 질문에 답을 드려야겠네요.

고객님들이 궁금해했던 하얀 새는 바로 나였어요. 하하하, 놀랐나요?

고객님들이 역사 속에 있는 동안 나와 친구는 사람의 모습으로는 고객님들을 도울 수가 없어요. 그래서 하얀 새로 변신했던 거랍니다.

고객님들이 말한 악당 역시 다른 모습으로 변한 친구에게 소식을 전달받거나 도움을 받았을 거예요.

지난번에 악당이 고객님들과 같은 아이냐고 물었었죠? 내가 악당을 만난 건 사실이지만 그가 누구인지 알려 줄 수는 없어요. 역사 속에서 일어난 일에 대해서는 아무 말도 하지 않는 것이 규칙이기 때문이죠.

그동안 모든 미션을 잘 해결해 주고, 우리 역사와 유적을 지켜주어서 정말 고마웠어요. 언제나 지금처럼 착하고 정의로운 마음으로 잘 지내길 바랄게요.

그리고 마지막으로 우리 가게에서 가장 맛있는 젤리를 선물로 준비했어요. 이 젤리는 마음껏 먹어도 아무 곳으로 가지 않으니 안심해도 된답니다.

그럼 안녕!

- 하얀 젤리 가게 하얀 아저씨로부터 -

편지를 다 읽은 아리와 송송이는 자리에 털썩 주저앉았어.

"뭐야! 아저씨 너무해. 어쩜 아무 말도 없이…."

아리는 눈물까지 글썽이며 서운해했어.

"아저씨 정말 너무해. 난 악당 얼굴도 못 봤단 말이야. 내 손으로 꼭 잡고 싶었는데…."

송송이는 두 주먹을 불끈 쥐었지.

그렇지만 아무리 그래 봐야 소용이 없다는 걸 잘 알고 있었어.

아리와 송송이는 마음을 가라앉히며 젤리 상자를 들고 공원에 갔지.

"아, 이 젤리는 언제 먹어도 맛있다."

"맞아. 난 아저씨가 꼭 다시 나타났으면 좋겠어."

"나도…."

벤치에 앉아 젤리를 나누어 먹으며 도란도란 이야기를 나누는 아리와 송송이의 등 뒤로 따뜻한 봄바람이 휘잉 불어왔어.

사진 제공

- 24쪽 강화역사박물관 전경 ⓒ강화역사박물관
  강화자연사박물관 입구 ⓒ강화자연사박물관
- 25쪽 탁자식 고인돌, 개석식 고인돌 ⓒ문화재청
  바둑판식 고인돌, 고인돌 끌기 체험 ⓒ고창고인돌박물관
- 44쪽 석굴암 천장, 석굴암 본존불 ⓒ문화재청
- 45쪽 불국사 청운교와 백운교, 다보탑 ⓒ문화재청
  석가탑, 석등 ⓒ셔터스톡
- 62쪽 무령왕릉, 무령왕릉 내부 ⓒ문화재청
- 63쪽 무령왕 금귀걸이, 무령왕비 금제 관식 ⓒ국립공주박물관, e뮤지엄
  공주 송산리 고분군 왕릉 ⓒ문화재청
- 84쪽 수원 화성 ⓒ셔터스톡
- 85쪽 거중기, 녹로 ⓒ수원화성박물관
  화성성역의궤 ⓒ국립중앙박물관, e뮤지엄
- 104쪽 부석 ⓒ셔터스톡
- 105쪽 부석사 무량수전 ⓒ셔터스톡
  조사당, 성보박물관의 조사당 벽화 ⓒ문화재청
- 124쪽 대릉원 전경 ⓒ문화재청
- 125쪽 금관, 유리잔, 금제 허리띠, 천마도 ⓒ국립경주박물관, e뮤지엄
  천마총 ⓒ셔터스톡
- 146쪽 대곡리 반구대 암각화 ⓒ울산암각화박물관
- 147쪽 대곡리 반구대 암각화 도면, 천전리 암각화, 울산 암각화 박물관 ⓒ울산암각화박물관
- 174쪽 팔만대장경 ⓒ강화역사박물관, e뮤지엄
- 175쪽 해인사 장경판전 ⓒ셔터스톡
  해인사 대장경판 판고 내부 ⓒ한국민족문화대백과사전(한국학중앙연구원·경두석)
- 198쪽 익산 미륵사지 석탑 ⓒ문화재청
  금제사리내호와 금제사리외호, 금제 사리봉영기 ⓒ국립익산박물관
- 199쪽 미륵사지 내부, 미륵사지 전경 ⓒ문화재청
- 226쪽 창덕궁 ⓒ문화재청
- 227쪽 종묘 ⓒ문화재청